Una Lucha por una Taza de Chai

SANMAN THAPA

Un Viaje a Través del Trabajo, la Pérdida y la Esperanza

**Este libro fue escrito originalmente en inglés y
traducido al español por el autor.**

ISBN tapa dura: 979-8-9947977-2-3
ISBN rústica: 979-8-9947977-1-6

Publicado por **Arti-Facts Publishing**
Un sello editorial independiente

Arti-Facts Publishing es un sello independiente fundado para apoyar obras que ponen en el centro el trabajo, la migración, la memoria y la experiencia vivida.

Con sede en Estados Unidos.
Un sello oficial de Sanman Thapa

Primera edición: 2026

Impreso en Estados Unidos de América

Visite al autor en:
www.sanmanthapa.com

Arti-Facts

Table of Contents

Prefacio

Escribir *A Fight for a Cup of Chai* ha sido un camino de reflexión, resistencia y reconexión. Esta historia es profundamente personal y nace de mis propias experiencias y observaciones como joven trabajador que enfrentó las duras realidades de la vida en fábricas en el Katmandú de los años noventa. No es una historia solo sobre trabajo o supervivencia, sino sobre los actos silenciosos de desafío que redefinen la dignidad y la esperanza en las circunstancias más difíciles. Al crecer en Nepal durante un período de transformación política, vi cómo las promesas de la democracia a menudo no se cumplían para la clase trabajadora. Para muchos, buscar una vida mejor significaba soportar turnos agotadores en fábricas abarrotadas, donde la humanidad muchas veces se reducía a cuotas de producción. Aun así, en medio de esa lucha, hubo momentos de solidaridad—al compartir una taza de chai, en conversaciones en voz baja y en pequeños actos de valentía que sembraron las semillas del cambio. Este libro es mi intento de honrar esos momentos y a las personas que los vivieron. Es un homenaje a los trabajadores que se mantuvieron unidos, no solo por mejores salarios o condiciones de trabajo, sino por el reconocimiento básico de su humanidad. Su historia es una historia de resistencia, unidad y del poder duradero de la acción colectiva. *A Fight for a Cup of Chai* no es una obra de ficción, pero tampoco es un relato histórico estricto. Se han cambiado nombres y algunos detalles para respetar la privacidad de quienes participaron, pero el corazón de la historia sigue siendo verdadero. Es una historia moldeada por la memoria, por largas noches de reflexión y por una pregunta que permanece: ¿qué significa luchar por la dignidad? A quienes apoyaron este trabajo, compartieron sus historias e inspiraron su creación, les debo un profundo agradecimiento. A los lectores, espero que este libro conecte con ustedes y ayude a iluminar las luchas no contadas que a menudo pasan desapercibidas. Que sirva como recordatorio de la fuerza que tenemos cuando permanecemos unidos.

— *Sanman Thapa*

Prólogo

El aire en Katmandú estaba cargado de una nueva clase de tensión, una ciudad atrapada entre el peso de la tradición y el impulso inquieto del cambio. Las motocicletas recorrían las calles estrechas, sus bocinas mezclándose con las voces de los vendedores ambulantes, mientras se susurraba sobre una transformación política—democracia, una palabra que se sentía tan ajena como las máquinas de las fábricas que empezaban a surgir por toda la ciudad.

Llegué con solo una bolsa pequeña y la cabeza llena de sueños, como muchos otros. La fábrica era un mundo distinto, un lugar donde el ruido de la maquinaria ahogaba cualquier recuerdo de los pueblos tranquilos que habíamos dejado atrás. Cambiamos los campos abiertos por pisos de metal y el zumbido constante de las máquinas, una decisión impulsada por promesas de un futuro mejor. Pero esa esperanza era frágil, pasajera, como el vapor que salía de nuestras tazas de chai descascaradas.

Las pausas para el chai eran lujos raros, momentos robados que nos recordaban el hogar, a las madres y abuelas que lo preparaban en nuestros pueblos. Nos reuníamos alrededor de estufas improvisadas, con el aroma del té atravesando los vapores de la fábrica. Era nuestro consuelo compartido, un recordatorio de que éramos más que partes de una máquina. Se convirtió en un símbolo de lo que esperábamos en esta ciudad abarrotada: un poco de dignidad en vidas controladas por turnos y cuotas de fábrica.

La gerencia no nos veía como personas con sueños o historias. Éramos desechables, reemplazables. Pero bajo las capas de mugre y sudor, había un hambre lenta, contenida—un deseo de algo más. Comenzó con susurros, una rebelión silenciosa alimentada por el sabor amargo del chai, lo último que nos conectaba con un mundo donde éramos respetados. Fue ese deseo, esa determinación callada, la que pronto nos empujaría hacia una lucha que nunca pensamos formar parte.

INTRODUCCIÓN

Un Camino Marcado Por La Lucha

"¿Cómo perdiste la mano, papá?"

La pregunta viene de mi hijo, Aiden, quien me la ha hecho muchas veces a lo largo de los años. Cada vez, siento el tirón de mi pasado—mi vida en un pequeño pueblo, mi camino hacia la ciudad y la máquina implacable que me quitó más que solo una mano. Él merece saberlo, pero ¿cómo explicar lo que costó aferrarse a la esperanza cuando todo, incluso mi propio cuerpo, parecía estar en mi contra?

Cuando era más pequeño, señalaba mi "heridita", sin entender del todo su origen. "Papá se lastimó con una máquina grande", solía decirle, esperando que eso fuera suficiente. Pero a medida que Aiden crecía, sus preguntas se volvieron más complejas. "¿Sin dedos?" se convirtió en "¿Sin mano?" y luego en la pregunta más difícil de responder: "¿Qué pasó ese día?"

Cada vez que me lo preguntaba, empezaba a contarle la historia de mi vida en Nepal, mi viaje desde las colinas rurales hasta las calles bulliciosas de Katmandú, y cómo terminé en esa fábrica. Pero Aiden a menudo perdía la paciencia con el relato largo y lo descartaba con una frase ya conocida: "Ya lo sé, papá. Me lo has contado mil veces." Aun así, sé que necesita entenderlo—no solo porque es mi pasado, sino porque da forma a nuestro presente.

Cuando le cuento a Aiden sobre mi infancia, siempre empiezo con el pequeño y remoto pueblo donde crecí. Teníamos muy poca tierra propia y aun así trabajábamos en los campos del terrateniente. La vida era dura pero sencilla, marcada por los ritmos de la agricultura y la voluntad de la naturaleza. A pesar de nuestras dificultades, nos teníamos los unos a los otros, y durante mucho tiempo, eso fue suficiente. Luego, las historias que escuché sobre Katmandú la pintaban como un lugar de oportunidades sin fin, donde el trabajo duro podía convertir los sueños en realidad. Me cautivó la idea de una vida diferente, una vida en la que mis manos, ya endurecidas por el trabajo en el campo, pudieran servir para construir un futuro mejor.

Así que, cuando terminé la escuela secundaria, dejé el pueblo atrás y me dirigí a Katmandú. En octubre de 1992, llegué a la ciudad con el corazón lleno de ambición y la mente llena de esperanza. Las calles eran tan bulliciosas como las había imaginado, llenas de gente, ruido y movimiento. Pero pronto me di cuenta de que Katmandú no ofrecía oportunidades con facilidad: era una ciudad que exigía todo de quienes llegaban sin nada.

Cada tropiezo me recordaba la distancia que aún me quedaba por recorrer. Seguí adelante, decidido a construir un futuro que fuera más allá de la simple supervivencia. Por mi familia, por la educación que estaba decidido a seguir, una clase a la vez, y por la convicción de qué, a pesar de las dificultades, podía crear algo significativo aquí. En esos primeros días, no entendía el precio que Katmandú exigiría, pero estaba dispuesto a pagarlo.

Esta historia trata de algo más que del trabajo o de los desafíos que enfrentamos. Trata de la resiliencia silenciosa que nos mantiene en pie, de los momentos de solidaridad que nos recuerdan que no estamos solos, y de las lecciones que aprendemos en cada paso del camino. El recorrido ha sido largo y muchas veces brutal, pero me ha enseñado que no es dónde empezamos ni siquiera dónde terminamos lo que importa—sino el camino intermedio y las personas que lo recorren con nosotros.

CAPÍTULO 1

Katmandú
—Una ciudad al borde del abismo

Una tormenta en gestación: trabajo, política y el panorama económico en el Nepal de los 1990s

Al entrar a la escuela secundaria, Nepal estaba al borde de una transformación. Mi pequeño mundo vibraba de emoción mientras las protestas llenaban las calles. Tíos y primos se reunían en secreto, inquietos por las incertidumbres que se avecinaban. Al crecer en el este de Nepal—un foco de movimientos políticos y sociales—fui testigo de los primeros temblores del **Jana Andolan** (Movimiento Popular). Los activistas organizaban encuentros clandestinos, cambiando constantemente de lugar para evitar redadas policiales o enfrentamientos violentos con los partidarios del rey. Aun así, pese a todas las precauciones, se derramó sangre, y esas reuniones terminaban estallando en choques brutales. Yo todavía estaba en la escuela primaria cuando mis **maamaas** (tíos maternos) dejaban sus pertenencias conmigo, confiándome sus mochilas mientras se unían a grupos de hombres—de diez a quince—armados con **khukuris** y palos de bambú. Volvían con la ropa manchada de sangre y cortes visibles en las manos y la cara. Mis tíos siempre sonreían y bromeaban: "**Bhanja** (sobrino), deberías haber visto a los otros." Aunque admiraba su valentía, me estremecía ante la violencia. Incluso años después, cuando ya tenía edad para unirme a las marchas, mantuve la distancia de las protestas violentas, protegido en silencio por mis tíos.

El **Jana Andolan** se lanzó oficialmente el 18 de febrero de 1990 y se extendió por todo el país como un incendio, culminando en protestas masivas en Katmandú. A medida que el movimiento se intensificaba, la monarquía se enfrentó a una presión imparable. El rey Birendra, tras una resistencia inicial y duras represiones militares, terminó cediendo. A principios de abril, después de semanas de enfrentamientos brutales, el rey levantó la prohibición de los partidos políticos y aceptó impulsar reformas constitucionales. Esta decisión decisiva abrió el camino a un sistema parlamentario multipartidista con un primer ministro ejecutivo, prometiendo una nueva era de representación y cambio.

Sin embargo, el camino hacia la democracia estuvo marcado por una lucha constante y grandes sacrificios. Líderes como K.P. Bhattarai y G.P. Koirala del Congreso Nepalí, junto con Sahana Pradhan y R.K. Mainali del Frente Unido de Izquierda, desempeñaron un papel clave al movilizar a la gente. Aunque impulsaban reformas no  violentas, los enfrentamientos con las fuerzas del gobierno a menudo se volvían mortales, con manifestantes asesinados y propiedades del

Estado destruidas. Para abril de 1990, cuando la monarquía finalmente cedió, la nueva constitución trajo una sensación de triunfo y esperanza para la clase trabajadora: por fin, voces que durante mucho tiempo no habían sido escuchadas podían participar en la construcción del futuro.

Pero a medida que el panorama político cambiaba, surgieron nuevas luchas económicas. La clase trabajadora, que había esperado un cambio profundo, comenzó a sentir los efectos de la brecha entre las élites políticas y la población en general, a menudo analfabeta. La victoria política trajo un alivio limitado, preparando el terreno para los desafíos económicos y laborales que marcarían a Nepal en los años por venir.

◆◆◆

La era neoliberal

La entrada de Nepal en la era neoliberal durante los años 1990s marcó un cambio drástico. El gobierno adoptó el mercado global, privatizó industrias estatales y fomentó la inversión extranjera, prometiendo empleo y un camino para salir de la pobreza. Fábricas de confección y alfombras comenzaron a surgir por todo Katmandú, casi de la noche a la mañana. Fabricantes de ropa de la India ampliaron su presencia en la ciudad, atraídos por las promesas de libre comercio y una economía abierta. Para muchos, estos cambios parecían la salida que habían estado esperando de las duras exigencias de la vida agrícola.

Como tantos jóvenes nepaleses, yo anhelaba una vida más allá de los campos, más allá de los ciclos de la agricultura dictados por fuerzas naturales implacables (y, en mi caso, también por los terratenientes). La infancia transcurrió bajo un sol inclemente, con las manos endurecidas por el trabajo y cada temporada convertida en una apuesta, dependiente del capricho de la naturaleza. La agricultura forjaba resistencia, sí, pero también apagaba los sueños. Sabía que había algo más allá, y con esa convicción di un salto de fe.

Cuando rendí el examen del **School Leaving Certificate (SLC)**, no fue solo una prueba; fue mi boleto de salida. Me fui a Katmandú en octubre de 1992, viajando con Shiv, el hermano mayor de un amigo, y su familia, que iban de visita por el festival de **Dashain**. Mis hermanos, Chandra y Rabindra, ya se habían ido de casa a los 14 y 13 años para trabajar en fábricas de alfombras, tejiendo su camino hacia un futuro distinto. No les había ido bien en la escuela, y la postura de mi padre era clara: "Mientras te vaya bien en la escuela, te apoyaré, aunque tenga que trabajar como aparcero. Pero si la escuela no es lo tuyo, entonces tendrás que ayudar a la familia."

El viaje en autobús de 18 horas desde Jhapa hasta Katmandú fue mi primer alejamiento real de casa. Fue agotador: mareos, olor a diésel y caminos llenos de baches. Ese olor me despertaba nostalgia, pero las náuseas me hicieron cuestionar mi decisión más de una vez. Aun así, la esperanza de un futuro mejor me mantuvo en ese autobús, con sueños más grandes que la incomodidad.

Katmandú era todo y nada de lo que había imaginado. La ciudad latía con vida—vehículos, gente, una mezcla vertiginosa de energía y ruido. Majestuosos edificios gubernamentales y templos adornados con arte intrincado se alzaban junto a callejones estrechos y casas de adobe, cada uno contando historias de resistencia y oficio local. La ciudad me cautivó, pero la realidad golpeó fuerte: Katmandú no era una tierra de oportunidades regaladas. Exigía todo y ofrecía poco a quienes llegaban solo con ambición.

Me negué a unirme a mis hermanos menores en la fábrica de alfombras y al principio busqué trabajo en otro lado. La esposa de Shiv, Gayatri, me presentó a un pintor que hacía rótulos publicitarios y rotulación a mano. Sonaba prometedor, pero no había pago durante el período de aprendizaje. Con la inquietud creciendo, acepté la oferta, pero pronto me sentí frustrado. Después de un mes viviendo con Shiv y Gayatri, ya había estirado demasiado su hospitalidad. A pesar de mis esfuerzos, el trabajo remunerado seguía sin aparecer, y entendí que sobrevivir en la capital requería más que ambición; exigía resistencia.

CAPÍTULO 2

La vida en la fábrica

Fábrica de ropa

En mi primer día en la fábrica de ropa, la magnitud de la operación me dejó impactado. El edificio era un laberinto de filas tras filas de trabajadores, cada uno encorvado sobre una máquina de coser, con las manos moviéndose tan rápido que se volvían borrosas, cosiendo prendas como si su vida dependiera de ello—porque, en muchos sentidos, así era. Cada trabajador era como una pieza dentro de una máquina, asignado a una tarea específica, a un movimiento preciso. Algunos manejaban máquinas de coser, otros cortaban tela, y otros hacían ojales o colocaban cierres. Las máquinas zumbaban al unísono, creando un ruido constante de trabajo, un ritmo que vibraba en las paredes, y se esperaba que nosotros siguiéramos ese ritmo.

A mi alrededor, montones de ropa sin terminar estaban esparcidos por el suelo, como sueños descartados que esperaban una oportunidad para cobrar vida. Los fardos de tela se apilaban desde el piso hasta el techo, montañas interminables de material esperando ser moldeadas, cada pieza una pequeña parte del sustento de alguien. Mis compañeros operarios se sentaban muy cerca unos de otros, con los hombros encorvados y la mirada fija en su trabajo, las manos moviéndose con una velocidad entrenada que a mí me costaba igualar en mis primeros días. Cada puntada, cada costura, era un paso hacia la supervivencia, un recordatorio de lo que estaba en juego en cada prenda que pasaba por nuestras manos.

La fábrica estaba agobiantemente abarrotada—entre 150 y 175 trabajadores compartían apenas tres baños. El tanque séptico, viejo y agrietado, amenazaba constantemente con desbordarse, llenando el aire con el olor rancio de las  aguas residuales. El drenaje expuesto del tanque corría peligrosamente cerca de la bomba de agua de la fábrica, contaminando la única fuente de agua que teníamos para lavarnos, bañarnos y cocinar. Cada necesidad se volvía un desafío, y las pequeñas rutinas que otros podrían dar por sentadas—tomar un vaso de agua, lavarnos las manos—se sentían como batallas que librábamos todos los días.

Nuestras comidas se convirtieron en un ritual compartido, una forma de compañerismo en medio del caos. Juntábamos los pocos ingredientes que teníamos, y cada trabajador se turnaba para preparar una parte de la comida. Uno cocinaba el arroz, otro el dal, y alguien más se encargaba de las verduras. Pero incluso este acto de unión tenía sus límites. Con solo unas pocas estufas de ladrillo disponibles, conseguir un lugar para cocinar era una lucha diaria. Nos veíamos compitiendo por un turno, sintiendo al mismo tiempo la urgencia del hambre y la presión del tiempo limitado.

El final de mi turno, a menudo a la medianoche, no traía un verdadero alivio. Los pisos de metal frío y las pilas de tela ofrecían poco consuelo mientras me acurrucaba en un rincón del almacén, esperando robar unas pocas horas de sueño antes de que las máquinas volvieran a ponerse en marcha. No había otra opción—no tenía a dónde ir. Cada noche me acostaba bajo montones de tela, esperando pasar desapercibido, mientras el hambre y el agotamiento se filtraban hasta mis huesos. Jornadas de trece horas, seis días a la semana, eran implacables. Mi salud comenzó a deteriorarse y, muy pronto, mis manos llevaban las marcas permanentes de cada hora pasada frente a las máquinas—ampollas, moretones y cortes que nunca llegarían a sanar del todo.

Sin embargo, a pesar de estas dificultades, me quedé. La fábrica representaba algo más que trabajo; era mi primer paso hacia la independencia, un camino para salir de los campos, y el salario era el único medio que tenía para seguir persiguiendo mi educación.

Pero justo cuando comenzaba a encontrar mi ritmo, todo cambió. La fábrica empezó a enfrentar una presión creciente por parte de agencias internacionales en relación con las normas ambientales, con amenazas de cierre si no cumplía. Los problemas de drenaje y la falta de instalaciones sanitarias quedaron bajo escrutinio y, en cuestión de meses, los inspectores la consideraron un peligro para el suministro de agua de la ciudad.

Para entonces, los susurros de cierre resonaban entre los pasillos. La gerencia intentó tranquilizarnos, pero cuando los pedidos comenzaron a disminuir, la realidad se impuso. En un último intento por salvar sus inversiones, los dueños anunciaron el cierre de la fábrica. Para la mayoría de los trabajadores, significó el final abrupto de un sustento frágil, y el miedo cubrió el almacén. Podía verlo en los ojos apagados de los trabajadores mayores, que no tenían otras opciones a las que recurrir. Permanecían cerca de las máquinas que se habían convertido en su salvavidas, inseguros de lo que vendría después.

Para mí, el cierre fue un golpe devastador. Lo había apostado todo a ese trabajo, con la esperanza de que financiara mi educación. Pero sin ingresos, el sueño de continuar estudiando se sentía fuera de alcance.

Desesperado, busqué cualquier trabajo que pudiera encontrar, dispuesto a aceptar lo que fuera para sobrevivir en Katmandú. Después de una semana tocando puertas, encontré un puesto en una fábrica de zapatos al otro lado de la ciudad. El trabajo era agotador, pero al menos me ofrecía una oportunidad para seguir avanzando.

Fábrica de zapatos

Con el tiempo, me tragué el orgullo y me puse en contacto con Omnaath, el hermano mayor de un compañero de la escuela secundaria. Hacía años que no hablábamos—nuestras vidas habían tomado rumbos distintos después de la escuela—pero sabía que ocupaba un puesto de supervisor en la **Fábrica V.S.**, una activa planta de fabricación de plásticos y zapatos en las afueras de Katmandú. No fue fácil dejar el orgullo de lado, pero la desesperación no me dejó otra opción. Con una mezcla de esperanza y vergüenza, le supliqué cualquier oportunidad que pudiera ofrecerme.

Omnaath me escuchó, pero sus respuestas fueron evasivas. Cada intento de seguimiento se encontraba con una nueva excusa—promesas de consultar con la gerencia o de "esperar el momento adecuado." Los días se convirtieron en semanas, y cada visita terminaba con las mismas garantías vagas, dejándome luchar por conservar la poca dignidad que me quedaba. A medida que mis ahorros se agotaban, supe que me estaba quedando sin opciones.

Finalmente, una noche hablé con franqueza, con la voz quebrada por la frustración. "Si no consigo trabajo pronto", le dije, con un tono directo y desesperado, "voy a necesitar ayuda para pagar el alquiler y comprar comida". Su rostro se endureció al escuchar mis palabras, y vi el destello de incomodidad en sus ojos. Se dio cuenta de que ya no podía seguir dándome largas.

Después de eso, organizó una entrevista con el gerente de la fábrica. No era una garantía, pero era un comienzo, un hilo delgado de esperanza en una realidad por lo demás sombría. Durante la entrevista, Mahadev, el gerente, revisó mi experiencia limitada. A pesar de mi falta de experiencia directa en la industria del calzado, me contrató, reconociendo las exigencias de mi trabajo previo en la fábrica de ropa. No era el sueño que había imaginado, pero en una economía donde los empleos desaparecían tan rápido como cerraban las fábricas, era suficiente para seguir adelante.

Sin embargo, las condiciones eran brutales. Esta fábrica no era diferente del taller de confección que había dejado atrás: el enfoque estaba en la producción y la velocidad, no en la seguridad ni en la calidad de vida. Las máquinas eran viejas, impredecibles y peligrosas, y los accidentes eran demasiado comunes. Pero para muchos de nosotros, esta era la única forma de sobrevivir en una ciudad que podía sentirse tanto como un sueño como una pesadilla.

Cada mañana, cruzar las puertas de la fábrica se sentía como entrar en un infierno. El calor golpeaba primero, pegándose a mi piel y empapando mi camisa antes de que el día siquiera comenzara. Luego venía el ruido—una cacofonía interminable de metal chocando, engranajes rechinando y vapor silbando. Cada respiración se sentía como inhalar papel de lija, con el aire espeso por el olor a plástico y caucho derretidos. Para el mediodía, la fábrica era un horno, con el calor cayendo sobre nosotros. Era un lugar para sobrevivir, no para prosperar.

Comencé como asistente, maniobrando moldes de hierro pesados y humeantes para una máquina hidráulica de compresión de zapatos durante turnos de doce horas. El piso de la fábrica era un mundo de ruido, calor y el zumbido constante de las máquinas. Cada día llevaba mi cuerpo más allá de sus límites, con los músculos adoloridos, las manos temblorosas y la mente nublada por el agotamiento. Algunos días, el cansancio me vencía; me quedaba dormido de pie y solo despertaba sobresaltado cuando un molde rozaba mi piel. Mis brazos llevaban las cicatrices—un recordatorio diario del peligro que enfrentábamos.

Detrás de mí, el rostro de MaNi brillaba de sudor, con los ojos entrecerrados, perdido en el mismo ritmo mecánico que nos había tragado por completo. La fábrica no era solo un lugar de trabajo. Era un monstruo vivo, que respiraba, que devoraba el espíritu y dejaba a su paso manos endurecidas y hombros encorvados.

Krish, el operador de la máquina, notó mis dificultades. Era un hombre callado, con una expresión cansada pero amable. Cargaba el peso de muchos años en el piso de la fábrica. Un día, durante una rara pausa en el ruido, se subió la manga para mostrar una cicatriz en la muñeca—una línea pálida y retorcida. "Esta", dijo, señalando la cicatriz, "me la hizo la misma máquina con la que trabajas ahora. Mi hermano me trajo aquí cuando tenía tu edad. Le rogué que me llevara de regreso al pueblo porque esto era insoportable."

Hubo un momento de silencio, con el zumbido de las máquinas llenando el aire, antes de que continuara. "Pero mi hermano me recordó que la vida en el pueblo no era mejor. No había dinero, no había tierra para cultivar, no había un futuro al que aferrarse. Al menos aquí, hay algo." Asintió levemente, reconociendo la desesperanza silenciosa que ambos cargábamos. "Conozco tu dolor", dijo, y sus palabras fueron un consuelo que no sabía que necesitaba.

"¿Alguna posibilidad de té esta noche?", murmuré, sabiendo la respuesta incluso antes de que las palabras salieran de mis labios.

MaNi apenas levantó la vista. "Si a Tek le queda un poco, tal vez." Su voz estaba ronca por el calor y los vapores. El té era el único consuelo con el que podíamos contar durante el turno nocturno, y ni siquiera eso era seguro. Tek, el joven guardia de noche, a veces nos conseguía a escondidas un poco de hojas de té y azúcar, y lo preparaba en su pequeño cuarto al borde del terreno de la fábrica. No era mucho, pero esos pocos sorbos de chai eran un salvavidas.

Mis ojos se dirigieron al cuarto de almacenamiento, donde montones de suelas de goma y piezas de metal se alzaban como montañas. La bondad de Krish iba más allá de las palabras. En los días en que el agotamiento me vencía, me hacía una señal discreta para que me apartara, mirando hacia otro lado mientras yo me deslizaba al almacén. Oculto entre pilas de suelas de goma y piezas de metal, cerraba los ojos por unos momentos preciosos, recuperando algo de fuerza. Sus pequeños actos de compasión me recordaban que, incluso en las condiciones más duras, fragmentos de humanidad podían aliviar la carga.

Con el tiempo, aprendí a operar la prensa hidráulica y la **"máquina Feeta"**, que moldeaba piezas de goma a 500 grados Celsius. La máquina tenía tres palancas manuales: una para abrir el disco, otra para cerrarlo y una tercera para inyectar el material en bruto. El calor era insoportable, y cualquier error era imperdonable. Mi compañero, Yam, y yo trabajábamos sin descanso, compitiendo contra el tiempo para cumplir una cuota nocturna de 1,500 pares. No había margen de negociación; o cumplíamos la cuota o seguíamos trabajando hasta lograrlo.

Pero la parte más difícil no era el esfuerzo físico. Era el horario implacable que cada dos semanas cambiaba del día a la noche, robándome cualquier sensación de estabilidad. Mi ciclo de sueño estaba en constante desorden, y los días se confundían con las noches. Asistir a clases—una meta que antes sentía como mi salida—se volvió casi imposible. En las pocas ocasiones en que lograba llegar a la universidad, me desplomaba en un asiento al fondo, solo para despertar sobresaltado por el ruido de las sillas al arrastrarse cuando mis compañeros se iban. Otra clase perdida, otra oportunidad que se me escapaba de las manos.

Desesperado por encontrar algo de estabilidad, me acerqué a mi supervisor nocturno, **Hem Dai**, y le expliqué mi necesidad de tener un turno fijo para poder asistir a clases. Me escuchó con comprensión—al ser de un pueblo cercano en Jhapa, compartíamos un vínculo. Hem me aseguró que haría todo lo posible por hablar con **Mahadev**, el gerente. Una tenue luz atravesó mi niebla de noches sin dormir.

Pero pasaron los días, y el rostro apenado de Hem me dio la respuesta que temía. "Mahadev dijo que no", murmuró. Su pesar era evidente, pero también lo era la inutilidad del intento. En un último esfuerzo, me acerqué a **Omnaath Dai**, la misma persona que me había ayudado a conseguir el trabajo, con la esperanza de que pudiera influir en Mahadev. Pero la reticencia de Omnaath era clara; ya había respondido por mí una vez, y pedir algo más le resultaba una carga demasiado pesada.

Como último intento, recurrí a **Rudra sir**, un supervisor más nuevo, con la esperanza de que viera las cosas de otra manera. Cuando le expliqué mi situación, escuchó, pero no pudo ocultar sus dudas. "Ustedes—Sudhan, Dip—este lugar no es para personas con sueños más allá de estas paredes", dijo, con una voz cargada de una resignación silenciosa.

Días después, Rudra confirmó lo que temía: Mahadev se negó. No fue solo un rechazo—fue un recordatorio de que el consuelo era un privilegio que no podíamos permitirnos.

Nuestros salarios eran escasos, apenas alcanzaban para cubrir el alquiler y la comida. Con **1,200 rupias nepalesas al mes**—unos **24 dólares**—avanzar era imposible. La inflación mordisqueaba nuestras ganancias, dejándonos atrapados en un ciclo de mera supervivencia.

Los pequeños consuelos lo eran todo en un lugar como este. Para nosotros, ese consuelo era el té—una bebida que, aunque fuera por un momento, cortaba el cansancio. Comprar té a diario estaba fuera de alcance, así que juntábamos lo poco que teníamos, llevando hojas de té y azúcar desde casa para prepararlo en el cuarto de Tek. Tek, el guardia de seguridad nocturno, entendía nuestra lucha. Compartir su té era su manera de aligerar nuestra carga.

En esos breves momentos alrededor de una taza compartida, encontrábamos un pequeño escape—un recordatorio de que, incluso en un sistema diseñado para explotar, aún podíamos hallar instantes de alivio.

◆◆◆

La petición

Durante una de nuestras pausas de té robadas en el cuarto débilmente iluminado de Tek, mientras él servía la primera taza humeante, Shyam habló, con la voz baja pero firme. "No podemos seguir así. Noche tras noche, nos quitan todo—nuestro tiempo, nuestros cuerpos—¿y qué recibimos a cambio? Manos quemadas y unas pocas rupias."

Krish habló. "¿Por qué no le pedimos a la empresa que proporcione té?", sugirió, revolviendo su taza. Su tono era casual, pero la idea encendió algo en cada uno de nosotros. No estábamos pidiendo salarios más altos ni jornadas más cortas—solo un pequeño consuelo que nos ayudara a soportar el desgaste de nuestros turnos largos. La idea parecía tan razonable, tan pequeña, que resultaba absurdo pensar que pudieran negarla.

"Llevémoselo a Mahadev, señor", sugirió Shyam, con la voz firme y decidida. Su actitud tranquila transmitía confianza—si alguien podía presentar la petición, era él. Animados por el apoyo de Shyam, comenzamos a redactar una propuesta sencilla: lo básico para preparar té—hojas de té, azúcar y agua caliente. El costo sería mínimo, menos de una rupia por trabajador al día, pero el impacto en la moral sería enorme.

A la mañana siguiente, la fábrica vibraba con su ritmo habitual—máquinas chocando, suelas de goma apiladas y el zumbido constante del cansancio en el aire. Pero debajo de todo eso, había algo distinto. Una tensión silenciosa recorría a los trabajadores, un entendimiento tácito de que ese día no era uno más. Ese día, íbamos a pedir.

Shyam nos había reunido en un pequeño grupo junto al muelle de carga, con el rostro sereno pero serio. MaNi estaba a su lado, frotándose las manos, con una energía nerviosa evidente para cualquiera que se fijara. Yo trataba de controlar mi propia respiración, sintiendo cómo el nudo de ansiedad se apretaba en mi pecho. No era una lucha por salarios u horarios. Era solo té. Pero se sentía como algo más—como si estuviéramos poniendo a prueba los límites del poco respeto que aún nos quedaba.

"Mantengámoslo simple", dijo Shyam en voz baja, mirándonos a cada uno por turno. "Pedimos té. Lo pedimos con respeto; y si dicen que no, lo dejamos por ahora. No es el momento de presionar."

Asentí junto con los demás, pero por dentro el corazón me latía con fuerza. No estaba seguro de por qué. Tal vez porque no se trataba solo del té. Se trataba de si importábamos en absoluto en ese lugar.

La oficina donde estaba Mahadev era un espacio pequeño y estrecho, escondido en una esquina de la fábrica. Las paredes estaban cubiertas de papeles amarillentos—horarios, hojas de cuotas, el latido de la fábrica medido en números y porcentajes. Mahadev estaba detrás de su escritorio, inclinado sobre una pila de documentos, con el bolígrafo moviéndose en trazos rápidos y secos.

Shyam se aclaró la garganta; Mahadev levantó la vista, con el rostro inexpresivo.

"¿Qué pasa?", preguntó, con una voz áspera.

Shyam dio un paso al frente, erguido, con un tono respetuoso pero firme. "Señor, esperábamos poder hacer una petición. Es algo pequeño, pero marcaría una gran diferencia para nosotros durante los turnos nocturnos."

Mahadev dejó el bolígrafo y se recostó en la silla, entrecerrando ligeramente los ojos. "Continúa."

"Nos gustaría solicitar los elementos básicos para preparar té durante los turnos nocturnos. Hojas de té, azúcar y agua caliente—nada extravagante. Ayudaría a que los trabajadores se mantuvieran despiertos y mejoraría la moral", dijo Shyam, con la voz firme.

Por un momento, Mahadev no dijo nada. Simplemente miró fijamente a Shyam, con los ojos fríos, calculadores. Luego, con un suspiro, negó con la cabeza.

Pero Mahadev apenas levantó la vista de su papeleo. Sin mirarnos de nuevo, murmuró: "No. Jagat Ji no estaría de acuerdo", y nos hizo un gesto para que nos fuéramos. Su negativa fue rápida, fría e impersonal, como si nuestra sencilla petición de té fuera demasiado trivial para considerarla. No hubo discusión ni promesa de llevar el tema a un nivel superior. Se terminó antes de empezar.

Sentí una oleada de rabia crecer dentro de mí, pero la contuve, mirando a Shyam para ver cómo respondería. Su rostro estaba tranquilo, su cuerpo tenso. Se quedó allí por un momento, sopesando cuidadosamente sus siguientes palabras.

"Gracias por su tiempo, señor", dijo finalmente Shyam, con la voz serena. Nos dimos la vuelta y salimos de la oficina, con el peso del rechazo cayendo sobre nosotros como una niebla espesa. Ya no se trataba solo del té—era la forma en que nos había desestimado, como si no fuéramos nada. Como si la idea de darnos siquiera un pequeño consuelo estuviera por debajo de su consideración. Las puertas de la fábrica se alzaban frente a nosotros, y el ruido de las máquinas se hacía más fuerte a medida que regresábamos al piso de la fábrica. Pero algo había cambiado. Esa

una sola palabra—"no"—había cambiado el aire en la habitación.

La mandíbula de MaNi estaba apretada, sus manos cerradas en puños. "¿Así que eso es todo, eh? ¿Ni siquiera té?"

"Ni siquiera té", murmuré, con la amargura subiéndome por la garganta. Habíamos pedido algo tan pequeño, tan básico, y aun así había sido rechazado.

Al volver a nuestros puestos, la ira silenciosa hervía entre nosotros, no dicha pero comprendida. La negativa de Mahadev no era solo sobre el té. Era un mensaje, claro y cortante: no importábamos. Y si algo tan simple como el té no merecía su tiempo, ¿qué decía eso sobre cómo nos veían?

"No les importamos", dije en voz baja, sin esperar realmente una respuesta. "Para ellos, solo somos manos en las máquinas."

MaNi azotó el molde contra la mesa, con los ojos encendidos de rabia. "¿Cuál es el sentido de dejarnos el cuerpo trabajando si ni siquiera podemos pedir algo tan pequeño como té? Es como si quisieran recordarnos que no somos nada."

Esa noche, nos reunimos de nuevo en el **Chiya Pasal de Ram**, lejos de la fábrica, con la frustración flotando en el ambiente. La calma exterior de Shyam no podía ocultar la ira contenida debajo. "No se trata del té", dijo en voz baja, con un tono firme y lleno de determinación. "Se trata de respeto." "Creen que somos reemplazables", dijo Krish, con la voz grave mientras encendía un cigarrillo. "Creen que pueden explotarnos hasta que nos rompamos y luego simplemente encontrar a alguien más para ocupar nuestro lugar." Asentí, pero por dentro sentí el peso de esas palabras más de lo que quería admitir. Todos lo habíamos visto—hombres que desaparecían de la fábrica de un día para otro, y cuyos puestos eran ocupados al día siguiente por caras nuevas, lo suficientemente desesperadas como para aceptar las mismas condiciones brutales sin quejarse. Éramos desechables, y la gerencia lo había dejado claro.

Todos sabíamos que Shyam tenía razón. El té se había convertido en un símbolo de algo más grande—el simple reconocimiento de nuestra dignidad. Nuestra petición educada había sido recibida con indiferencia, y esa indiferencia decía mucho. No se trataba solo de una bebida para aguantar la noche; se trataba de ser vistos, de ser escuchados y de ser tratados como seres humanos.

Durante los días siguientes, la frustración se propagó como un incendio por la fábrica. Los trabajadores murmuraban entre dientes, maldiciendo la indiferencia de la gerencia. Mahadev, que antes era visto como uno de los nuestros, ahora era considerado un traidor, alguien que había cambiado la solidaridad por el favor de los jefes. El hecho de que la fábrica estuviera dirigida por Jagat, un **marwari**—un empresario indio que operaba en suelo nepalí—solo profundizó la sensación de traición. Ya no se trataba solo de salarios o condiciones de trabajo. Se trataba de respeto, y la negativa a algo tan simple como el té se sentía como una bofetada en la cara.

No nos rendimos. Nos acercamos a nuestros supervisores inmediatos—**Hem, Omnaath y Rudra**—con la esperanza de encontrar aliados. Nos escucharon, pero sus expresiones resignadas nos dijeron todo lo que necesitábamos saber. Temían desafiar el orden establecido, enfrentarse a Jagat Ji y a la gerencia. "No va a pasar", dijeron, con voces marcadas por el cansancio de hombres que habían aprendido a aceptar las cosas tal como eran.

Aun así, seguimos insistiendo. Cada vez que pedíamos hablar directamente con **Jagat Ji**, Mahadev nos bloqueaba, desestimando nuestras solicitudes sin pensarlo dos veces. El zumbido implacable de la fábrica se tragaba nuestras voces, dejando claro que se esperaba que guardáramos silencio. El golpe fue duro—nadie con poder estaba interesado en lo que teníamos que decir.

La rabia que había comenzado como un susurro fue creciendo. Los trabajadores maldecían en voz baja mientras cumplían sus turnos, con la tensión volviéndose cada vez más espesa. Lo que había empezado como una petición modesta de té se había convertido en algo más grande—una postura frente a la indiferencia que definía nuestras vidas en esa fábrica. El resentimiento silencioso se transformó en una determinación que ya no podía ser ignorada.

Y así, de pie juntos una noche en el patio de la fábrica, supimos que había llegado el momento. Si la gerencia no quería escuchar, encontraríamos la manera de hacer que nos oyera. La solidaridad que había estado hirviendo en silencio bajo la superficie ahora estaba lista para desbordarse. Merecíamos algo más que silencio; merecíamos respeto.

Se estaba gestando una tormenta, y esta vez no íbamos a dar marcha atrás.

◆◆◆

Obstáculos

Los días siguientes en la fábrica se sentían distintos. El trabajo era el mismo—largas jornadas, un calor abrasador y el incesante estruendo de las máquinas—pero algo había cambiado entre nosotros. La negativa al té había provocado algo más que frustración; había encendido una mecha. Conversaciones que antes se susurraban en los rincones ahora se decían en voz alta. Trabajadores que antes bajaban la cabeza y aguantaban sus turnos empezaban a levantar la mirada y a ver lo que habían estado ignorando durante demasiado tiempo.

Nuestras peticiones educadas no recibían más que indiferencia; cada intento era desestimado por Mahadev como si fuéramos invisibles. La gerencia no veía razón para concedernos siquiera este pequeño consuelo, y cada rechazo se sentía como un recordatorio de lo poco que importábamos.

La rabia que había comenzado como un murmullo ahora hervía bajo la superficie, haciéndose más fuerte con cada turno. Lo que había empezado como una simple petición de té había cobrado vida propia, convirtiéndose en una postura contra la indiferencia que habíamos aprendido a esperar en cada rincón de la fábrica. Esa noche, al terminar nuestros turnos, algunos nos quedamos afuera, intercambiando miradas de complicidad antes de deslizarnos hacia la garita de seguridad de Tek. Aunque el **Chiya Pasal de Ram** habría sido un lugar más seguro para reunirnos, Tek era de los nuestros. Él cuidaba de nosotros y era parte de este movimiento que empezaba a retumbar. Irnos a casa habría parecido rendirse, así que optamos por quedarnos, apiñados en el cuarto estrecho. El leve aroma de las hojas de té flotaba en el aire, como si estuviera esperando convertirse en algo más.

El aire estaba cargado de frustración cuando nos reunimos en el cuarto de Tek. El aroma amargo del té que se estaba preparando llenaba el pequeño espacio, un recordatorio de la sencilla petición que Mahadev había desestimado con tanta facilidad. Tek repartió tazas de metal astilladas, y las tomamos en silencio, cada uno refugiándose en sus propios pensamientos.

"No podemos dejar esto pasar", dijo MaNi de repente, rompiendo el silencio. Su voz era cortante, y tenía las manos cerradas en puños a los costados. "Se negaron a darnos té, pero ese no es el punto. El punto es que ni siquiera nos ven como algo que valga más que una máquina."

Shyam estaba sentado cerca de la puerta, y su calma habitual empezaba a resquebrajarse. Apretaba su taza, mirando fijamente el interior como si pudiera encontrar respuestas en el vapor que giraba. "No se trata del té", dijo finalmente, rompiendo el silencio. "Se trata de respeto. Nos ven como nada más que manos en sus máquinas."

Krish, sentado a su lado, trazaba distraídamente con el dedo la cicatriz en su muñeca. Había ganado esa marca años atrás con la misma prensa hidráulica que aún seguía en la fábrica, esperando cobrar a otra víctima. "Antes pensaba que si trabajaba lo suficiente, se darían cuenta... que significaría algo", murmuró, palabras dirigidas tanto a sí mismo como a nosotros. "Pero nunca ven. No de verdad." Miró a Shyam, con la voz cargada de amargura, pero acompañada por la determinación que se reflejaba en sus ojos.

Sudhan, encaramado sobre una pila de cajas cerca del fondo, observaba el intercambio en silencio. Siempre cauteloso, era quien pensaba en las consecuencias de cada paso. "¿Y si esto sale mal?", preguntó en voz baja. "Si presionamos demasiado, podríamos perder todos nuestros trabajos... ¿y entonces qué?" Sus palabras quedaron flotando, un recordatorio sobrio del riesgo que enfrentábamos. Pero incluso mientras expresaba sus dudas, vi el destello de rebelión en sus ojos, luchando contra su propio miedo.

Tek sirvió otra taza y me la pasó. No dijo mucho, pero su presencia era un aliento silencioso, y sus acciones hablaban más fuerte que las palabras. A su manera, Tek también era parte de esta lucha, arriesgando su trabajo cada vez que nos permitía reunirnos aquí.

Shyam dio un sorbo lento a su té y dejó la taza con cuidado, encontrando la mirada de cada uno de nosotros por turno. "Esto no se trata solo de nosotros", dijo, con una voz firme y serena, el tono de un hombre que había cargado con el peso de la supervivencia durante demasiado tiempo. "Se trata de los que vienen después—los que no deberían tener que luchar por una simple taza de té."

Un murmullo de acuerdo recorrió el cuarto. En ese momento, el té se convirtió en algo más que una bebida—se volvió un símbolo, una postura silenciosa frente a la indiferencia que había definido nuestras vidas en la fábrica. La negativa de Mahadev había trazado una línea, pero las palabras de Shyam la borraron. Si la gerencia no estaba dispuesta a concedernos siquiera este pequeño consuelo, lo tomaríamos nosotros mismos, de una forma u otra.

CAPÍTULO 3

Tensiones en Aumento
y la Propuesta de 10 Puntos

Tensiones en Aumento

La frustración que había comenzado con una petición de té no se disipó—se enconó. Cada golpe de metal, cada silbido de la máquina, se sentía más fuerte. Los turnos se alargaban y el aire se volvía más pesado con cada respiración. Lo que empezó como quejas silenciosas se transformó en conversaciones urgentes sobre qué podíamos hacer. Ya estaba claro: no se trataba solo del té; se trataba de dignidad, de ser escuchados.

Algunos trabajadores intentaban empatizar con Mahadev. "Está atrapado entre nosotros y los extranjeros", decía alguno. "A ellos no les importa nuestro bienestar. Solo quieren que él nos mantenga callados." Pero otros eran menos indulgentes. "Que se vaya al diablo. Es un vendido, un verdadero **chamchaa (lamebotas)**", murmuraban, con la amargura impregnando sus palabras.

La fábrica empleaba a unos 200 trabajadores, de los cuales cerca de 175 estaban subcontratados, bajo la gestión de un supervisor local llamado Badri. Solo unos 25 éramos contratados directamente por la empresa y, entre ellos, apenas ocho tenían puestos permanentes con beneficios como licencias pagadas, días por enfermedad y pensiones de jubilación. Estos operadores de máquinas con mayor antigüedad, con un promedio de más de cinco años de servicio, recibían los beneficios y el salario acordes a su tiempo y habilidad. Pero el resto de nosotros—incluidos Dip y yo—seguíamos trabajando bajo las mismas condiciones agotadoras, sin la seguridad de la que ellos gozaban.

Una mañana, durante una pausa que apenas se sentía como tal, un pequeño grupo de nosotros se reunió junto a la bomba de agua—el raro lugar donde el ruido implacable de la fábrica se atenuaba un poco. Shyam, nuestro líder no oficial, se apoyó en la palanca de la bomba, con el rostro marcado por el cansancio. "Esto no se trata solo del té", dijo, con la voz firme pero agotada. "Se trata de respeto. Tienen que escucharnos."

Sus palabras quedaron suspendidas en el aire, cargadas de significado. Nuestras peticiones de té y galletas habían sido desestimadas como si estuviéramos pidiendo lujos y no comodidades básicas. La idea de una huelga se sentía intimidante. La mayoría vivíamos al día; faltar a un solo turno podía significar quedarnos sin comer. El miedo era real. Los susurros llenaban los pasillos de la fábrica, y miradas nerviosas se cruzaban entre los trabajadores. Cada reunión adquiría un nuevo peso. ¿Y si tomaban represalias? ¿Y si lo perdíamos todo?

A medida que pasaban los días, quedó claro que no hacer nada no era una opción. Necesitábamos un plan—y unidad. Shyam convocó una reunión después de nuestro turno. Nos reunimos en el **Chiya Pasal de Ram**, cerca de la fábrica, con el aire cargado del aroma reconfortante del chai, aunque la ligereza habitual de nuestras conversaciones había sido reemplazada por ansiedad. Hablamos de formar una delegación, pero la duda persistía. MaNi, uno de nuestros apoyos más firmes, expresó su miedo: "¿Y si nos despiden? No puedo permitirme perder este trabajo, aunque apenas alcance." Varios otros compartieron su preocupación.

El grupo central quedó reducido a cinco: Shyam, Krish, MaNi, Dip y yo. Dudé cuando me pidieron que me uniera, sintiéndome fuera de lugar. Todavía era relativamente nuevo y no quería arriesgar mi trabajo, especialmente porque había dependido de un favor para que me contrataran. Pero esta lucha era más grande que cualquiera de nosotros. Teníamos que mantenernos unidos y, si podía ayudar, lo haría.

Cuando le pedí a Sudhan que se uniera, dudó, con la voz cargada de reticencia. "Estoy tratando de salir de aquí lo antes posible", admitió, con la mirada inquieta. "Apoyaré al grupo, pero liderar una huelga... no puedo arriesgarme." Sus palabras atravesaron nuestro optimismo, recordándonos lo que estaba en juego.

Entendí su vacilación. Sudhan era otro trabajador con estudios universitarios que, al igual que yo, soñaba más allá de los muros de la fábrica. A menudo imaginábamos una vida en la que no estuviéramos atados a las máquinas. Él quería llegar a ser alguien, como yo, pero cargaba además con la responsabilidad de mantenerse a sí mismo y apoyar a su familia en el pueblo.

Después de los turnos, a veces caminábamos junto a la orilla del río o nos sentábamos frente al **Templo de Pashupati**, observando las cremaciones. Un día, mientras el humo de las piras se elevaba en el aire de la tarde, Sudhan las miró en silencio. "Quiero llegar a ser alguien antes de terminar en esa pira", dijo, y sus palabras quedaron pesadas entre nosotros. Me recordó que esto no era solo una lucha por té o galletas; era una lucha por algo significativo, una oportunidad de ser más que simples trabajadores de fábrica. A pesar de sus reservas, Sudhan se volvió fundamental cuando empezamos a redactar la Propuesta.

Sabiendo que no podíamos avanzar sin una estrategia clara, redactamos una solicitud formal para pedir una reunión con Mahadev y Jagat. Esperábamos resolver nuestras quejas de manera pacífica. Pero Jagat desvió el asunto de nuevo hacia Mahadev, quien dejó claro que tenía poco interés en nuestras preocupaciones. Así que seguimos reuniéndonos, afinando nuestro enfoque y preparándonos para el día en que finalmente los enfrentaríamos.

Nos reunimos de nuevo en el **Chiya Pasal de Ram**, bajo el resplandor tenue de una sola bombilla. El olor del té hirviendo contrastaba con los vapores sofocantes de la fábrica, y el murmullo de conversaciones discretas llenaba el pequeño espacio. "No podemos hacer esto solos", dijo Shyam mientras tomaba una taza de té que Ram había traído. "Necesitamos algo más que unas pocas voces. Necesitamos a todos." Mientras trazábamos estrategias, hablé.

"Necesitamos el apoyo de todos los operadores de máquinas. Sin ellos, no hay producción."

Por un momento, todos me miraron, con las tazas a medio camino de sus bocas. Luego, casi al unísono, asintieron. "Es una idea brillante", dijo alguien. Me sentí incómodo, sin disfrutar la atención repentina, pero no podía negar la verdad de mis palabras.

Dividimos la tarea de acercarnos a los operadores. Era un trabajo delicado—no era algo que pudiéramos discutir abiertamente. Necesitábamos aliados de confianza para sumarlos. El cuñado de Shyam, Guru, y mi compañero de máquina, Yam, ya estaban con nosotros, pero convencer a los demás llevaría tiempo. Harían falta una persuasión sutil y, quizá, un poco de presión.

Nuestra confianza creció a medida que obteníamos el apoyo de los operadores. Shyam convocó una reunión final tres días después. "Pasemos a la siguiente fase", dijo. "Empezamos haciendo una lista de demandas justas y de cosas con las que todos estén de acuerdo. El té es solo el comienzo. Si vamos a hacer esto, tenemos que estar organizados."

"Té y galletas", murmuró alguien desde el fondo, provocando unas cuantas risas. Pero la seriedad del momento regresó de inmediato. No estábamos allí para bromear.

"¿Y los salarios?", pregunté, expresando el pensamiento que me había estado pesando desde el rechazo. "Nos pagan apenas lo suficiente para sobrevivir. ¿No deberíamos pedir más?"

Shyam asintió. "Salarios, sí. Pero tenemos que ser inteligentes con esto. No pedimos todo de una sola vez. Pedimos lo que es razonable, lo que sabemos que logrará que la gente se sume."

"Necesitamos una propuesta", continuó Shyam. "Una lista de demandas que tenga sentido. Algo claro, algo que no puedan ignorar." Y fue entonces cuando dimos el paso de simplemente pedir té a redactar nuestra **Propuesta de 10 puntos**—una lista de exigencias y una declaración de lo que merecíamos.

◆◆◆

La súplica

A lo largo de incontables tazas de té, debatimos cada demanda, afinando nuestra propuesta. Shyam, MaNi y yo pasábamos cada momento libre juntos, encorvados, anotando ideas y puliendo nuestras exigencias. Fue Sudhan, siempre callado pero agudo, quien logró unirlo todo en algo que se sentía real. Era de los pocos que habían terminado la secundaria y estudiaba para obtener un título por las noches; su educación nos dio la claridad que necesitábamos. No queríamos solo protestar; necesitábamos ser precisos.

"Tenemos que dejar claro lo que queremos", dijo Sudhan, con el ceño fruncido mientras se inclinaba sobre el cuaderno. "Nada de quejas vagas. Si vamos a arriesgarlo todo, tenemos que asegurarnos de que la gerencia no tenga ninguna excusa para ignorarnos." Sudhan, con su mente aguda y su educación universitaria, se convirtió en nuestro editor en jefe, asegurándose de que nuestras demandas fueran claras y razonables.

"Empecemos por el té", murmuró MaNi, con la voz cargada de la amargura que había dejado la negativa de Mahadev. "Ahí fue donde empezó todo."

"Y los salarios", añadí. "Es lo único que hará que todos se sumen. Nadie puede discutir eso."

Sudhan asintió, con el bolígrafo moviéndose rápidamente sobre la página. "Lo mantendremos simple. Té, salarios, horarios justos y días por enfermedad. No pueden negarnos esas cosas."

Para cuando terminamos, la propuesta era más que una lista de demandas—era una declaración. Una afirmación de que ya no aceptaríamos ser ignorados. La habíamos elaborado con cuidado, equilibrando lo que sabíamos que era razonable con lo que sabíamos que merecíamos. Y al mirar los diez puntos que habíamos escrito, la realidad de lo que estábamos haciendo empezó a calar hondo.

Shyam tomó el cuaderno de Sudhan y leyó la lista una última vez, con el rostro endureciéndose de determinación. "Esto es", dijo en voz baja. "Mañana se lo llevamos a Mahadev." Cada vez que queríamos apresurarnos, él nos hacía bajar el ritmo, recordándonos que, si íbamos a hacer esto, necesitábamos un plan irrefutable que beneficiara a todos. Sus cuestionamientos fortalecieron la propuesta, dándole forma hasta convertirla en algo de lo que todos nos sentíamos orgullosos.

La Propuesta de 10 puntos:

1. **Puestos permanentes para trabajadores con más de dos años de servicio.**

   Demasiados trabajadores habían pasado años en la fábrica solo para quedarse atrapados en puestos temporales. Esto tenía que cambiar.

2. **Un aumento salarial de 1,200 a 1,800 rupias nepalesas para mantenerse al ritmo de la inflación.**

   Los salarios se habían estancado mientras los precios subían. No pedíamos lujos—solo lo suficiente para sobrevivir.

3. **Acceso a beneficios como vacaciones pagadas, licencia por enfermedad y pensión de jubilación para trabajadores de largo plazo.**

   No éramos máquinas. Nos enfermábamos, necesitábamos descanso y merecíamos seguridad para nuestro futuro.

4. **Elegibilidad para días por enfermedad para trabajadores con más de seis meses de empleo.**

   Incluso los trabajadores más nuevos merecían el derecho a recuperarse sin el miedo de perder su trabajo.

5. **Un aviso previo de un mes antes del despido, incluso para puestos temporales.**

La decencia básica de recibir una advertencia antes de ser descartados.

6. **Aumento del descanso para el almuerzo de 30 a 45 minutos—no negociable.**

   Treinta minutos no eran suficientes ni siquiera para recuperar el aliento, mucho menos para comer y reorganizarnos.

7. **Dos horas de descanso durante los turnos nocturnos si se cumplían las cuotas.**

   Si alcanzábamos los objetivos, merecíamos un descanso.

8. **Dos pausas de té de 10 minutos durante turnos de 12 horas sin detener la producción.**

   El té no era solo una bebida—era un salvavidas.

9. **Provisión de té y galletas para todos los trabajadores.**

   Todo empezó con el té, pero había llegado a significar mucho más. Se trataba de respeto.

10. **La posibilidad de intercambiar turnos entre trabajadores con los mismos roles.**

    La flexibilidad podía marcar toda la diferencia para equilibrar el trabajo con la vida.

Mientras revisábamos la propuesta final, una sensación silenciosa de orgullo se asentó entre nosotros. Era audaz y ambiciosa, pero se sentía correcta. Al mismo tiempo, conocíamos los riesgos. ¿Nos tomaría la gerencia en serio esta vez, o nos despacharían con una risa como antes?

Mañana era el día hacia el que habíamos estado avanzando. El día en que enfrentaríamos a la gerencia, no solo con una petición educada, sino con una exigencia. Ya no se trataba solo del té. Se trataba de todos nosotros—de nuestra salud, nuestros salarios y nuestro derecho a ser tratados como seres humanos.

"Nos reuniremos en las puertas antes del turno de la mañana", continuó Shyam, con la voz firme. "Pero no se equivoquen—si rechazan esto, nos vamos."

Los demás asintieron, con los rostros tensos pero decididos. El peso de la decisión caía sobre todos nosotros. Teníamos familias, cuentas que pagar, bocas que alimentar. Irnos no era solo un riesgo— era una apuesta con todo nuestro futuro. Pero, como había dicho Shyam, ya estábamos perdiendo. Y esta era la única forma de detenerlo.

Esa noche, mientras yacía sobre mi colchoneta bajo la luz tenue de nuestra pequeña habitación (que era a la vez cocina, sala y dormitorio), no pude dormir. Mi mente corría sin parar pensando en lo que traería el día siguiente. Pensé en mis hermanos, Chandra y Rabindra, que se habían ido de casa siendo muy jóvenes para trabajar en las fábricas de alfombras. Sus rostros endurecidos por años de trabajo; sus manos manchadas por los tintes. Ellos habían quedado atrapados en la misma rutina agotadora y, para ellos, no había habido una salida. Pero esta era mi oportunidad de desafiar al sistema.

La mañana llegó más rápido de lo que esperaba. El patio de la fábrica todavía estaba cubierto por la neblina de la madrugada cuando nos reunimos junto a las puertas. El aire estaba fresco, pero mis manos sudaban, y podía sentir la tensión vibrando en el grupo. MaNi estaba a mi lado, con el rostro fijo en una máscara de determinación, mientras Shyam sostenía la propuesta con fuerza en la mano.

Mahadev estaba sentado en la oficina, con una expresión tan ilegible como siempre cuando entramos. El ruido de la fábrica se desvaneció detrás de nosotros, reemplazado por el suave crujir de los papeles y el tic-tac del reloj de pared. Mahadev apenas levantó la vista cuando nos acercamos a su escritorio.

"Tenemos una propuesta", dijo Shyam, con la voz firme. Le entregó el cuaderno a Mahadev, quien lo tomó sin decir una palabra.

Por un momento, hubo silencio mientras Mahadev pasaba las páginas, con el rostro inescrutable. Podía sentir mi corazón latiendo con fuerza en el pecho, cada segundo estirándose como una eternidad. Esto era—el momento que habíamos estado esperando. El momento que lo decidiría todo.

Finalmente, Mahadev dejó el cuaderno sobre el escritorio, con los ojos fríos y cortantes. "Esto es una pérdida de tiempo", dijo, con la voz cargada de desprecio. "Sabes que Jagat Ji no va a aceptar nada de esto." El rechazo golpeó como un puñetazo en el estómago. Después de toda la planificación y de todo el cuidado que habíamos puesto en hacer esta propuesta justa y razonable, la desestimó en un instante.

"Ni siquiera lo leíste", espetó MaNi, con la voz elevándose por la frustración.

"No necesito hacerlo", respondió Mahadev con frialdad. "Están pidiendo cosas que no podemos dar. ¿Té, salarios más altos, días por enfermedad? Deberían estar agradecidos de tener trabajo."

Apreté los puños a los costados, luchando por mantener mi rabia bajo control. Esto no se trataba solo del té. Se trataba de cómo nos veían—como si no fuéramos nada; como si no importáramos.

La voz de Shyam era calmada, pero había fuego detrás de sus palabras. "No estamos pidiendo lujos, Mahadev Sir. Estamos pidiendo justicia. Estamos pidiendo lo básico."

Mahadev se recostó en la silla, con los labios curvándose en una mueca de desprecio, y dijo: "Déjenme intentarlo, pero no prometo nada."

Sin embargo, a medida que pasaban tres semanas sin ningún avance real, nuestra esperanza comenzó a desvanecerse. Mahadev parecía estar intentándolo, pero Jagat seguía sin mostrar interés.

Le dijo a Mahadev que, si siquiera considerábamos detener la producción, habría "consecuencias graves".

Shyam no dudó y le dijo a Mahadev: "Entonces nos vamos."

El silencio que siguió fue ensordecedor. Los ojos de Mahadev parpadearon con algo—tal vez sorpresa, o tal vez burla—pero no dijo nada. Finalmente, hizo un gesto despectivo con la mano. "Hagan lo que quieran. Pero no esperen que los aceptemos de nuevo cuando regresen arrastrándose."

La contundencia de sus palabras cayó sobre nosotros como un peso, pero no retrocedimos. Shyam dio media vuelta, y lo seguimos fuera de la oficina, con el sonido de nuestros pasos resonando en el pasillo vacío.

A medida que los días se acercaban a la huelga, la tensión se volvió insoportable. Susurros de miedo y duda recorrían a los trabajadores—algunos temían perder su única fuente de ingresos, mientras que otros se volvían más decididos. Cada conversación en el **Chiya Pasal de Ram** estaba cargada de esperanza y de temor.

No podía sacudirme la sensación de peligro inminente. Irnos no era solo perder el salario de un día; significaba arriesgar todo por lo que habíamos trabajado. Sabíamos que, si nos equivocábamos, perderíamos más que nuestros empleos. Perderíamos el frágil equilibrio que mantenía a nuestras familias a flote. Pero no hacer nada se sentía como perder algo aún mayor—nuestra dignidad, nuestro derecho a ser escuchados.

"¿Y si nos despiden?", preguntó alguien, con la ansiedad colándose en su voz. "¿Y si lo perdemos todo?" Incluso Yam, que había sido el más reacio, apretó los puños y respiró hondo. "Tal vez pierda este trabajo", murmuró para sí mismo, lo suficientemente alto como para que lo oyéramos.

"¿Pero de qué sirve un trabajo si tengo que seguir tragándome mi dignidad todos los días?"

Con Shyam al frente, nos giramos hacia las puertas de la fábrica, y cada paso fue un compromiso del que ya no había vuelta atrás. Sentí el peso de cada sacrificio que había hecho para llegar a ese momento—las noches sin dormir, los cortes y moretones que marcaban mis manos, los sueños que había enterrado bajo el zumbido implacable de la fábrica. Todo salió a la superficie entonces, empujándome hacia adelante.

Así que, a pesar del miedo que nos carcomía el estómago, nos preparamos para dar el paso hacia lo desconocido. Cruzamos las puertas de la fábrica en silencio, una fila de trabajadores que se negaba a seguir siendo invisible. Afuera, la luz del sol era más intensa, casi cortante, como si marcara la importancia de ese momento. Por primera vez, éramos más que simples obreros; éramos un frente unido, entrando en lo desconocido, cada uno de nosotros dispuesto a ser contado.

Los murmullos de frustración se extendieron entre el grupo, pero la voz de Shyam cortó el ruido. "Esto es", dijo, con la voz clara y firme. "Nos vamos." Y con esas palabras, la decisión quedó tomada.

CAPÍTULO 4

La huelga

Navegar el Miedo y la Incertidumbre

El sol apenas asomaba por encima de los muros de la fábrica, proyectando sombras largas sobre el patio mientras estábamos de pie junto a las puertas, respirando en ráfagas nerviosas. La decisión ya estaba tomada—íbamos a irnos. Pero ahora que el momento había llegado, el peso de lo que estábamos haciendo se sentía más grande de lo que había imaginado. Ya no se trataba solo de pedir té. Se trataba de trazar una línea en la arena. Y estábamos cruzándola.

Shyam estaba al frente del grupo, con los brazos cruzados sobre el pecho y el rostro firme, lleno de determinación. No era un hombre de discursos ni de grandes gestos, pero su sola presencia bastaba para hacernos sentir que podíamos mantenernos firmes. A nuestro alrededor, se reunían más trabajadores: algunos con incertidumbre, otros con rabia, pero, sobre todo, estaban esperando lo que vendría después.

"¿Están listos?", preguntó MaNi en voz baja, pero con un fuego en los ojos que antes no tenía. Tenía los puños apretados a los costados y la mandíbula rígida en una línea dura.

Asentí, aunque no estaba seguro de si lo estaba tranquilizando a él o a mí mismo. El estómago se me revolvía de nervios, pero ya no había marcha atrás.

Shyam levantó la mano, pidiendo silencio. "Esto es", dijo. "O nos mantenemos unidos, o nos desmoronamos. No nos detenemos hasta que nos escuchen. Si salimos hoy de esta fábrica, no volveremos hasta tener lo que necesitamos." Sus palabras eran simples, pero fueron suficientes. El grupo murmuró en señal de acuerdo, y pude sentir el cambio—el momento en que el miedo se transformó en determinación. Ya no éramos solo trabajadores. Éramos algo más. Algo unido.

La ignorancia, resulta, tiene sus ventajas. La mayoría éramos jóvenes—entre 16 y 20 años—y no teníamos una idea clara de cómo organizar una huelga ni de los obstáculos legales que podían venir después. Shyam y Krish eran mayores, de veintitantos, y cargaban con un poco más de experiencia de vida que el resto de nosotros. Cuando los primeros murmullos sobre la huelga comenzaron a recorrer la fábrica, hubo una oleada de entusiasmo, la sensación de que estábamos al borde de algo monumental—una defensa largamente esperada de nuestros derechos. Pero a medida que los susurros se convertían en planes y los riesgos se volvían más claros, esa emoción inicial dio paso al miedo.

Las dudas se hicieron enormes: ¿Y si fracasábamos? ¿Qué pasaría con nuestros trabajos, con nuestras familias? ¿Podríamos sobrevivir si dejaban de llegar los salarios? Estos miedos no eran solo nuestros; eran de todos. Como parte del pequeño grupo que encabezaba el movimiento, nos correspondía enfrentar estas preguntas y la desesperación silenciosa que acosaba a los demás. Teníamos dos batallas por delante: lograr que la gerencia nos tomara en serio y mantener unida nuestra frágil unidad mientras el miedo roía nuestra determinación.

Los operadores de máquinas eran fundamentales. Sus manos mantenían la fábrica en marcha y, si ellos se detenían, todo se detenía. Pero también eran los más renuentes. Habían visto lo que les pasaba a quienes se atrevían a cuestionar la autoridad—eran reemplazados sin pensarlo dos veces, olvidados antes de que terminara el día. El miedo se extendía entre ellos, amenazando con deshacer la solidaridad que tanto nos había costado construir.

La duda se fue filtrando en las filas como una niebla lenta, volviéndose más espesa con cada turno. Los conflictos internos pusieron a prueba incluso a los más decididos entre nosotros, y la gerencia no perdió tiempo en aprovechar esas grietas. Som y su cuñado, Raj, se encontraron en el centro de esta lucha. Som tenía dos hijos pequeños, y la esposa de Raj estaba esperando su primer hijo.

Los ojos de Shyam estaban intensos, firmes, mientras caminaba de un lado a otro. "Hemos llegado demasiado lejos como para retroceder ahora", nos dijo, con la voz baja pero llena de convicción. A su lado, Sudhan escuchaba y asentía, aunque sus ojos delataban una duda silenciosa. Más tarde, me confesó: "Me preocupa que estemos pidiendo demasiado de una sola vez." Pero incluso mientras cuestionaba, se quedó, anclándonos con su cautela.

Tanto Som como Raj eran hombres prácticos, con familias que dependían de ellos. Pedirles que se unieran a la huelga se sentía como pedirles que apostaran el futuro de sus familias—un riesgo difícil de justificar cuando había bocas esperando ser alimentadas. Pero la intensidad de Shyam y la cautela firme de Sudhan nos recordaban lo que estaba en juego.

Daya, un técnico veterano, se encontró atrapado en el fuego cruzado de estas tensiones. Meticuloso y con una autoridad silenciosa, conocía al detalle cada máquina del piso de la fábrica, y su experiencia le había ganado el respeto de los trabajadores. Muchos acudían a él en busca de asesoramiento técnico. Había visto cómo la mala gestión conducía a accidentes y apoyaba la huelga, convencido de que valía la pena luchar por condiciones más seguras. Pero su apoyo venía acompañado de cargas. La gerencia, consciente de su influencia, intentó atraerlo lejos de la causa, con la esperanza de fracturar nuestra unidad desde dentro. Le recordaron a Daya que su rol era más bien de supervisión y que formaba parte de la gerencia.

Mahadev, el gerente de la fábrica, se acercó directamente a Daya, instándolo a convencernos de abandonar lo que llamó una "idea tonta" y volver a las máquinas. Con el peso de la familia sobre los hombros, Som y Raj consideraron escuchar, dispuestos a cambiar la incertidumbre por la estabilidad de un salario. Mahadev parecía saber siempre lo que ocurría más allá de las puertas de la fábrica—nuestros planes, nuestras divisiones, incluso las dudas que susurrábamos entre nosotros. Las sospechas recayeron sobre Daya. Algunos de nosotros lo acusaron de jugar a dos bandas, de ser falso.

Pero una y otra vez, Daya demostró su lealtad. Compartía con nosotros lo que la gerencia estaba tramando, transmitiéndonos las palabras y tácticas de Mahadev. Su franqueza le valió un nuevo papel entre nosotros: el de un informante reticente. No protestaba junto a nosotros, pero su presencia constante y su honestidad se convirtieron en un salvavidas durante esos días de incertidumbre.

Lo que más necesitábamos no eran solo detalles sobre las tácticas de la gerencia ni discursos encendidos; necesitábamos conversaciones honestas que reconocieran los miedos que nos carcomían. Ahí entraba MaNi. Con su humor y calidez, podía atravesar la tensión más densa, ofreciendo ligereza cuando el peso de nuestras decisiones se volvía demasiado grande. Tenía un don para decir lo correcto en el momento justo, y la gente confiaba en él porque realmente le importaba. Mientras Daya nos mantenía informados, MaNi nos daba esperanza, recordándonos que no estábamos solos, incluso en los momentos más oscuros.

Con el tiempo, MaNi y yo nos volvimos cercanos. Pasábamos horas en su tienda de donas favorita, conversando entre té y pasteles. Poco a poco, empezó a confiar en mí, y pronto nos hicimos buenos amigos. Se volvió fundamental para aliviar los miedos de Som y Raj, prometiendo que, si sus familias necesitaban algo durante la huelga, él se aseguraría de que estuvieran atendidas. Su tío, dueño de **Aakash Kirana Pashal**, una pequeña tienda de comestibles cerca de la fábrica, se convirtió en uno de nuestros mayores apoyos, ofreciendo víveres a crédito a los trabajadores y a sus familias cuando las cosas se ponían difíciles.

Krish fue otra figura esencial para mantener unidos a los trabajadores. Conocido por su honestidad y su liderazgo sereno, se había ganado la confianza de casi todos en el piso de la fábrica. Él y yo habíamos sido cercanos durante años, nuestra amistad forjada a lo largo de incontables turnos. Su casa se convirtió en un refugio para mí; su esposa incluso me llamaba **"Bhai"**, o hermano menor, por nuestro apellido compartido, Thapa. Su comida fue un salvavidas durante aquellos días tensos. Cada comida era un recordatorio de que la familia iba más allá de la sangre y, en esos momentos, rodeado de calidez y buena comida, encontraba una sensación de paz.

Juntos, MaNi y Krish se convirtieron en el pegamento que mantenía unido a nuestro frágil grupo, manteniendo el miedo a raya con amabilidad, risas y comidas compartidas. Mi hermano, Chandra, que trabajaba en una tienda de ropa en New Road, me apoyó con firmeza. "Solo no dejes que te metan en la cárcel", me decía, medio en broma pero plenamente consciente de los riesgos. Él había trabajado conmigo en la fábrica de zapatos antes de seguir su propio camino, así que entendía el desgaste que soportábamos.

Las reuniones pequeñas se convirtieron en nuestra estrategia. Alrededor de tazas de té, nos abríamos sobre nuestros miedos y lo profundamente personal que era lo que estaba en juego en esta lucha. En esas conversaciones nocturnas salían a la luz historias de crecer con hambre y de familias que apenas lograban salir adelante. Krish nunca evitó compartir su pasado complejo, mientras que su hermano Shyam, aunque más reservado, había asumido a regañadientes un papel de liderazgo, empujado hacia adelante por su antigüedad.

Para MaNi, la huelga tenía un significado personal. A los dieciséis años, se había ido de casa después de que sus padres obligaran a su hermana a un matrimonio que ella nunca quiso. Ella soñaba con convertirse en doctora, pero su destino fue decidido sin que tuviera voz. Sintiendo una profunda impotencia, MaNi dejó a su familia sin terminar la secundaria. Para él, esta huelga era una oportunidad de luchar contra esa sensación de impotencia que había cargado durante tanto tiempo.

Estas conexiones personales fueron desgastando lentamente nuestras dudas. Poco a poco, nuestra frágil solidaridad se fue fortaleciendo. Pero la gerencia no era ajena a nuestros esfuerzos. Explotaron cada grieta, enviando a Badri, el contratista que administraba a más de 175 empleados, para sembrar división. Ofrecía mejores turnos a algunos, insinuaba ascensos a otros y sembraba miedo entre los más vulnerables. Sus tácticas a veces funcionaban, recordándonos lo delicada que era nuestra causa y lo fácilmente que podía desmoronarse.

Aun así, seguimos adelante, acercándonos a los trabajadores antes de que las promesas de Badri pudieran echar raíces. A veces logramos recuperarlos; otras veces, no. Cada conversación nos recordaba lo que estaba en juego y cuánto nos necesitábamos unos a otros. Al final, la mayoría de los trabajadores se mantuvo con nosotros, aunque algunos, demasiado temerosos de arriesgar su sustento, optaron por quedarse al margen. Respetamos su decisión; después de todo, esta lucha no era fácil para ninguno de nosotros.

◆◆◆

La salida

Con el 80 % de los trabajadores de nuestro lado, dimos el paso. Esa mañana, esperamos a que terminara el turno nocturno y, a medida que cada máquina se detenía, nadie volvió a entrar. Formamos una fila, bloqueando la puerta de la fábrica y paralizando las operaciones. Fue un momento decisivo, aunque cargado de incertidumbre.

Cuando los primeros rayos de sol tocaron los muros de la fábrica, sentimos la importancia del día—esto no era solo una salida por el té; era una postura por la dignidad. La mañana se sentía más intensa; el zumbido de las máquinas inactivas dejaba un silencio inquietante. Cada uno de nosotros se movía con un entendimiento tácito, cruzando miradas llenas tanto de anticipación como de aprensión.

Shyam fue el primero en dar un paso al frente, levantando la mano para indicarnos que nos reuniéramos alrededor de las mesas de corte de tela. Su voz llevaba la autoridad en la que todos habíamos aprendido a confiar. "Esto no es solo por el té", nos recordó. "Hoy caminamos por cada vez que nos han silenciado, por cada hora agotadora y cada promesa vacía. Tenemos derecho a ser escuchados."

Krish apoyó una mano firme sobre mi hombro, aferrándose a la decisión. "Si no aprovechamos esta oportunidad, nada cambia. Hoy tienen que vernos como algo más que manos en sus máquinas."

Sudhan, ya sin dudar, dio un paso al frente a mi lado con una determinación silenciosa. "Por mi familia, por mis sueños", susurró. "Si no es ahora, ¿cuándo?"

Incluso Yam, que había sido el más reacio, apretó los puños y respiró hondo. "Tal vez pierda este trabajo", murmuró, lo suficientemente alto como para que lo oyéramos. "Pero ¿de qué sirve un trabajo si tengo que seguir tragándome mi dignidad todos los días?"

Con Shyam al frente, nos giramos hacia las puertas de la fábrica, y cada paso fue un compromiso del que ya no había vuelta atrás. Sentí el peso de cada sacrificio que había hecho—las noches sin dormir, los cortes y moretones en mis manos, los sueños que había enterrado bajo el zumbido implacable de la fábrica. Cada recuerdo avanzó con fuerza, empujándome hacia adelante.

Atravesamos las puertas de la fábrica en silencio, una fila de trabajadores que se negaba a seguir siendo invisible. Afuera, la luz del sol era más brillante, más cortante, como si reconociera la importancia de ese momento. Por primera vez, éramos más que simples obreros; éramos un frente unido, adentrándonos en lo desconocido, listos para ser contados.

A medida que el sol subía, los trabajadores exhaustos del turno nocturno entrecerraban los ojos ante la luz de la mañana. La gerencia aún no había llegado—por lo general aparecían alrededor de las 9:00 a.

m. El supervisor nocturno seguía adentro, probablemente llamando a Mahadev, el gerente de la fábrica. En menos de media hora, Mahadev llegó en su clásica motocicleta Yamaha, el ronroneo bajo del motor cortando la tensión del ambiente.

Al cabo de unos minutos, las puertas de la fábrica se abrieron y la figura de Mahadev apareció en el umbral, flanqueada por dos supervisores. Su rostro estaba inexpresivo, y sus ojos recorrían al grupo con una mezcla de incredulidad y molestia. No dijo nada al acercarse, pero su lenguaje corporal lo decía todo—no nos tomaba en serio.

"Esta es su última oportunidad", dijo Mahadev, con la voz fría. "Cruzan esas puertas y no regresan."

Shyam dio un paso al frente, con la barbilla en alto. "Ya no estamos aquí para negociar. Estamos aquí para irnos."

La tensión en el aire era espesa, todas las miradas fijas en Mahadev mientras permanecía allí, con los puños cerrados. Por un momento, pareció que iba a decir algo, pero luego, con un suspiro de frustración, dio media vuelta y caminó de regreso hacia la fábrica.

Eso fue todo. No más palabras, no más amenazas. La puerta se cerró de golpe detrás de él, dejándonos solos en el patio. "Vámonos", dijo Shyam, con la voz firme.

Mahadev no perdió tiempo; intentó intimidarnos con advertencias sobre consecuencias legales y posibles arrestos. Pero nuestra delegación se mantuvo firme, asegurándose de que solo nuestros representantes designados interactuaran con él. La disciplina que mantuvimos fortaleció nuestra determinación, incluso mientras nuestro futuro seguía siendo incierto.

No mucho después, llegó Badri, el contratista, visiblemente alterado. Sus trabajadores subcontratados, parados a un lado, parecían más molestos que solidarios. Para ellos, la huelga significaba salarios perdidos y rutinas interrumpidas, y no compartían lo que estaba en juego para nosotros. Badri tenía su propia agenda: presionar para negociar acuerdos con el empleador y trasladar a sus trabajadores a otras empresas asociadas si nuestra huelga continuaba.

Algunos de los trabajadores de Badri nos acusaron de manipular a la fuerza laboral. A sus ojos, nosotros—diez operadores de máquinas con poder y nuestros asistentes—estábamos obligando a más de 175 personas a apoyar una causa que no habían elegido. Luego recurrieron a la casta, una división tan profunda como cualquier otra en Nepal. "Ustedes, brahmanes y kshetris, son egoístas y solo piensan en sí mismos", escupieron, acusándonos de poner en peligro sus medios de vida. "No entienden nuestras luchas ni cómo alimentamos a nuestras familias."

En un instante, la salida dejó de ser solo sobre derechos laborales— pasó a ser sobre casta e identidad, reflejando las tensiones nacionales más amplias de 1995. Los janajatis, fuera del sistema de castas, también habían acusado a brahmanes y kshetris de concentrar el poder de manera injusta, creando profundas fracturas sociales. Pero, a pesar de las acusaciones, sabíamos que no había vuelta atrás.

Sentí una extraña calma asentarse en mí, a pesar del latido acelerado de mi corazón. Esto estaba ocurriendo. De verdad lo estábamos haciendo. MaNi caminaba a mi lado, con los hombros firmes y el rostro lleno de determinación. "Van a ceder", murmuró, más para sí mismo que para mí. "Tienen que hacerlo. No pueden hacer funcionar esa fábrica sin nosotros."

Pero mientras avanzábamos hacia la carretera principal, no lograba sacudirme la duda persistente que me roía el fondo de la mente. ¿Y si no cedían? ¿Y si traían a nuevos trabajadores, personas lo suficientemente desesperadas como para ocupar nuestros puestos sin pensarlo dos veces?

Sudhan nos alcanzó, con el cuaderno apretado bajo el brazo. "Los próximos días son cruciales", dijo en voz baja, colocándose a paso junto a Shyam. "Tenemos que ser estratégicos. Si no generamos impulso ahora, simplemente nos van a esperar hasta que nos cansemos."

Para sostener la huelga, necesitábamos algo más que determinación; necesitábamos recursos. Forjamos alianzas con tiendas locales como **Aakash Kirana Pashal**, **el Chiya Pasal de Ram** y **la tienda de la esquina de Rai Didi**, negociando acuerdos para comprar alimentos a crédito y organizando una cocina comunitaria financiada con aportes colectivos.

Era un acto constante de equilibrio—convencer a los dueños de las tiendas de que confiaran en nosotros, calcular cuánta comida necesitábamos y animar a los trabajadores a aportar lo poco que podían. Cada comida que compartíamos se convirtió en un acto de desafío, un recordatorio de que estábamos juntos.

Después del tenso enfrentamiento de la mañana con Mahadev, nos dimos cuenta de que necesitábamos algo más que determinación. Necesitábamos orientación legal. Me comuniqué con Suresh, el presidente del gobierno estudiantil de mi universidad. Cuando llegué a su oficina, estaba llena de actividad. Un estudiante me indicó dónde estaba Suresh, que hablaba por teléfono y gesticulaba con energía. Cuando terminó, se acercó, se presentó y me estrechó la mano.

Le expliqué nuestra situación y escuchó con atención. "Tu jefe los está explotando, así de simple", dijo Suresh con franqueza. Me entregó un folleto de la **Ley Laboral de 2048 (1992)**, un documento que yo nunca había visto. Mientras hojeaba sus páginas, la complejidad me resultó abrumadora.

Suresh notó mi confusión y me tranquilizó. "La ley existe en gran medida en el papel; casi no se aplica por tonterías burocráticas. Pero ustedes necesitan protección legal. Formar un sindicato es la clave—es así como se hace una huelga de manera legal."

¿Sindicalización? El concepto me parecía abrumador, y no tenía idea de por dónde empezar.

Suresh continuó explicando que, para formar un sindicato y llevar a cabo una huelga legal, necesitábamos el apoyo de al menos el 51 % de la fuerza laboral mediante una votación secreta. Le expliqué que, aunque no habíamos votado formalmente, el 80 % de los trabajadores estaba con nosotros de manera informal. También mencionó el requisito de un aviso previo de 30 días antes de una huelga. No habíamos seguido ese protocolo, pero le conté cómo habíamos advertido verbalmente a nuestro gerente semanas antes, solo para que se riera de nosotros.

Me dio una guía para registrar un sindicato a nivel de empresa, enfatizando la importancia de organizarnos correctamente. De regreso en la fábrica, compartí lo que había aprendido con la delegación, y comenzamos a planificar de forma más estratégica—organizando suministros, estableciendo turnos para la línea de piquete y preparándonos para lo que vendría.

Pasaron los días sin noticias de la gerencia. Al séptimo día, Mahadev nos invitó a su casa. Intentando mediar, nos instó a volver al trabajo mientras hablaba con el jefe para que no nos penalizaran. Sus palabras estaban cargadas de amenazas sutiles, y sus apelaciones cargadas de culpa tiraban de la tensión. "Piensen en sus compañeros", dijo. "Piensen en sus familias. Si esto continúa, todos van a sufrir."

Intentamos razonar con él, explicándole la realidad de sobrevivir con nuestros salarios actuales en medio de una inflación creciente, pero desestimó nuestras preocupaciones. La reunión terminó sin resolución, dejándonos frustrados, pero aún más decididos.

Quedó claro que la gerencia no iba a ceder fácilmente; pero sabíamos que nuestra postura era justa. No luchábamos solo por nosotros mismos, sino por cada trabajador que había sido silenciado, despedido o al que le habían hecho sentir que valía menos que las máquinas que operaba.

Manteniendo el impulso

"Van a intentar quebrarnos," dijo Shyam en voz baja, mirando fijamente las llamas. "Pero no podemos permitirlo."

MaNi asintió, con los ojos encendidos de desafío. "Que lo intenten."

Sudhan, siempre el más realista, cerró su cuaderno con un suspiro. "Necesitaremos algo más que desafío. Necesitaremos un plan."

Miré a los demás, sintiendo el peso de la situación asentarse con fuerza sobre mis hombros. Habíamos dado el primer paso, pero la verdadera batalla todavía estaba por delante. Y mientras miraba el fuego, supe que ya no había marcha atrás.

Con el apoyo del sindicato, comenzamos a formalizar nuestro grupo: elegimos representantes, redactamos avisos oficiales de huelga y nos preparamos para el camino difícil que nos esperaba. El sindicato nos advirtió sobre una posible intervención policial, una táctica que las empresas solían usar para intimidar a los trabajadores en huelga. Suresh, uno de nuestros aliados sindicales más firmes, insistió en la importancia de conocer nuestros derechos y mantener la calma bajo presión. Sus palabras se nos quedaron grabadas: la unidad y la disciplina serían nuestras mayores fortalezas.

A la mañana siguiente, la huelga se sentía más real que nunca. Mientras nos reuníamos en los puestos de té cerca de la fábrica, los rostros a mi alrededor reflejaban la misma mezcla de determinación y miedo. Ninguno de nosotros había hecho algo así antes. Salir fue una cosa; pero sostener una huelga era una batalla completamente distinta.

MaNi y yo cruzamos una mirada. Sabíamos que teníamos que hacer más que quedarnos parados en las puertas para mantener alta la moral. Así que llevamos música, servimos té con leche caliente y galletas, y organizamos juegos de mesa. Nuestros cantos resonaban de vez en cuando, reclamando respeto, mejores salarios y jornadas de trabajo humanas. No era solo una huelga—se trataba de construir comunidad en medio de la incertidumbre. Pero para el día quince, nuestros recursos empezaron a agotarse y la paciencia de los trabajadores comenzó a desgastarse.

Las tensiones estallaron. Som, junto con su cuñado Raj y varios operadores de máquinas, exigió que se pusiera fin a la huelga. "No puedo seguir así," argumentó Som, insistiendo en que lo dejaran volver a entrar. Algunos de los trabajadores subcontratados de Badri se sumaron, y pronto los ánimos se desbordaron en empujones y forcejeos en la puerta de la fábrica.

MaNi intervino de inmediato, elevando la voz por encima del alboroto. "¡Amigos! Esto es exactamente lo que quiere la gerencia," dijo. "Quieren que nos enfrentemos entre nosotros, que nos quiebren la voluntad. Todos estamos cansados, pero este no es el momento de perder la fe."

Som, frustrado, respondió con dureza: "¿Pero hasta cuándo va a durar esto? No están haciendo lo suficiente para obligarlos a sentarse a negociar."

Pedimos paciencia y unidad, haciendo todo lo posible por calmar a la gente. "Estamos en esto juntos," dije, tratando de sonar seguro incluso mientras la ansiedad me carcomía por dentro. Mantener el impulso mientras atendíamos miedos y frustraciones reales era un acto de equilibrio delicado.

"Van a jugar con nosotros," dijo Shyam en voz baja, con la mirada fija en el fuego.

"Y no podemos permitirlo," murmuró MaNi, con los puños apretados a los costados. **"Hemos llegado demasiado lejos."**

Sudhan permaneció en silencio, con el rostro pensativo mientras escribía en su cuaderno. **"Tenemos que adelantarnos a ellos,"** dijo suavemente. **"Tenemos que ser inteligentes."**

En el día dieciocho, Jagat, Mahadev y varios supervisores llegaron a la fábrica. Les abrimos las puertas, sus rostros reflejaban una mezcla de irritación y condescendencia. Aprovechando el momento, le entregamos nuevamente a Mahadev nuestra Propuesta de 10 puntos, exigiendo una reunión formal para discutir nuestras quejas.

El día avanzó sin ninguna respuesta por parte de la gerencia. Nuestros cánticos se hicieron más fuertes: **"¡Merecemos una reunión! ¡No pueden esconderse para siempre! ¡Trátennos como personas, no como máquinas!"** Pero nos ignoraron, haciéndonos a un lado como si no fuéramos más que una molestia menor.

Esa tarde, Shyam convocó una reunión urgente en el Chiya Pashal de Ram, nuestro lugar habitual. Entre tazas de té, nos sentamos en un silencio tenso. Shyam fue el primero en romperlo. **"Tenemos que hacer algo para que nos escuchen,"** dijo, con voz baja pero decidida.

MaNi asintió. **"Lo vieron hoy. Casi terminamos peleando. La gente está perdiendo la fe en nosotros, y si no actuamos pronto, vamos a perder el control."**

Krish estuvo de acuerdo. **"No podemos dejar que se vayan hoy sin al menos hablar con nosotros."**

La idea de impedir que la gerencia se fuera me retorcía el estómago, pero nos estábamos quedando sin opciones. Cruzamos miradas, cada uno procesando el peso de la decisión. Finalmente, rompí la tensión: **"Démosles hasta el final del día. Si no escuchamos nada, tomaremos una postura."**

De regreso en la fábrica, Shyam animó a los trabajadores. **"Hoy vamos a hacer que nos escuchen,"** anunció. **"No podemos hacerlo sin todos ustedes."** Krish añadió: **"Estamos en esto juntos."**

MaNi encabezó el canto: **"Haamro maag pura gar!"** La multitud lo repitió, el ritmo haciéndose cada vez más fuerte: **"Pura gar! Pura gar!"**

Para las 6:00 de la tarde, todavía no habíamos recibido ninguna respuesta de la gerencia. Cuando el auto de Jagat se acercó a la salida, los trabajadores corrieron hacia la puerta, con los cánticos llenando el aire. El guardia de seguridad intentó abrir la reja, pero la mantuvimos cerrada, indicándole que se hiciera a un lado. Cerramos la puerta con una cadena de bicicleta, decididos a no dejar que la gerencia se fuera hasta que aceptaran reunirse con nosotros.

Desde dentro del auto, Mahadev gritó, amenazando con despedirnos a todos y tomar acciones legales, advirtiendo que podían traer reemplazos en cualquier momento. Sin embargo, nos mantuvimos firmes.

La voz de Mahadev cortó el ruido. **"¡Se acabó!"** vociferó. **"Voy a llamar a la policía. ¡Esto es encarcelamiento!"**

◆◆◆

El Encuentro con la Policía

A medida que las horas se alargaban, el lejano aullido de las sirenas policiales se hizo cada vez más fuerte, convirtiéndose en una realidad escalofriante. Se me encogió el estómago cuando llegó la primera camioneta, con los faros cortando la oscuridad como un depredador que se acerca. Los agentes descendieron, con expresiones severas y una postura autoritaria que hizo que los trabajadores a mi alrededor se movieran con inquietud.

Cinco camionetas policiales se alinearon, y un inspector dio un paso al frente, recorriendo a la multitud con la mirada. **"¿Quién está a cargo aquí?"** exigió. Mis compañeros intercambiaron miradas nerviosas antes de que todas las miradas se volvieran hacia mí. El corazón me latía con fuerza, como si fuera a salirse del pecho. **"Tú eres quien tiene más información,"** me insistieron. **"Tú deberías hablar con la policía."**

El inspector—un hombre alto, de hombros anchos y ojos penetrantes—parecía verme por dentro cuando su mirada se posó en mi rostro. Por un momento, el peso de todo me hizo querer dar un paso atrás y dejar que otro liderara. Pero recordé las largas noches, las horas de planificación y a los trabajadores de pie detrás de mí. Nos habíamos preparado para este momento—no podía retroceder ahora.

Tomé aire profundamente y di un paso al frente, encarando al inspector. Su voz fue cortante al exigir saber por qué reteníamos a la gerencia dentro y al ordenarnos abrir la puerta. Se me cortó la respiración, pero me mantuve firme. **"No podemos hacer eso,"** respondí, sorprendido por la firmeza de mi propia voz. Detrás de mí, los trabajadores formaron una cadena humana, bloqueando la puerta.

"¡Esto es brutalidad!" gritaron algunos trabajadores, con la voz cargada de rabia.

Levanté la mano para calmarlos y volví a dirigirme al inspector, con la voz medida. **"Antes de que la situación escale, por favor permítame explicar. Si después de escucharnos usted sigue creyendo que debemos abrir las puertas, cumpliremos."** Expuse nuestras quejas—las condiciones opresivas, la falta de dignidad que enfrentábamos y nuestro deseo básico de ser escuchados.

Por un momento, la expresión del inspector se suavizó. **"No pueden mantenerlos encerrados,"** dijo, con un tono que dejaba entrever cierta empatía. Pero sentí una oleada de determinación. **"No nos queda otra opción que obligarlos a reunirse con nosotros,"** respondí, con la voz firme.

Un silencio tenso quedó suspendido en el aire, cada lado evaluando al otro. El inspector dijo con dureza: **"Saben que puedo** arrestarlos a todos y encerrarlos. ¿Se dan cuenta siquiera de cuántas leyes han violado aquí?"

"Solo queremos expresar nuestras quejas," dijo Shyam detrás de mí.

El inspector dudó por un momento antes de hacer un gesto indicando que entraría a hablar con el empleador. Miré a Shyam, quien me dio un gesto de aprobación. Señalé a los trabajadores que se hicieran a un lado y desbloqueamos la cadena de bicicleta, permitiendo que el inspector entrara a la fábrica. Quince minutos después, el inspector reapareció, con una actitud un poco más relajada. "Prabhat JB va a organizar una reunión con ustedes," anunció. "Pero necesitan despejar la entrada. El gerente les dará los detalles."

Me mantuve firme. "Necesitamos eso por escrito," insistí, sintiendo cómo se aceleraba mi pulso.

"Estás tentando a la suerte," respondió el inspector, endureciendo la mirada. Podía sentir su juicio, como si me viera como un chico rebelde poniendo a prueba los límites. Pero me negué a retroceder.

No pude contenerme. "¿Qué habría hecho usted si estuviera en mi lugar?" pregunté, con un dejo de desafío en la voz.

Él sonrió de lado, negó con la cabeza y luego ordenó a su equipo regresar a la comisaría. Abrimos la puerta, dejando salir al empleador, al gerente y a los supervisores.

Cuando el polvo se asentó, la multitud intercambió miradas de incertidumbre, con una mezcla de alivio y expectación flotando en el aire. Entonces, casi al unísono, alguien preguntó: "**¿Quién es Prabhat JB?**"

◆◆◆

Las Secuelas del Enfrentamiento

El enfrentamiento se había disipado, pero el mensaje era claro: nos estaban vigilando, y cualquier paso en falso podía usarse en nuestra contra. Aun así, mientras el inspector se alejaba, sentí una silenciosa oleada de orgullo. No habíamos retrocedido; habíamos mantenido nuestra posición frente a la autoridad. La orientación del sindicato había transformado lo que pudo haber sido una derrota en una muestra de resiliencia.

Al día siguiente, el gerente llegó alrededor de las 10:00 a. m. y le indicó a Shyam que se preparara para la reunión. Le entregó la dirección y nos dijo que estuviéramos allí a las 10:00 a. m. del día siguiente.

Un renovado sentido de solidaridad recorrió al grupo mientras nos reagrupábamos fuera de las puertas. Habíamos enfrentado a la policía y mantenido nuestra posición, un testimonio de nuestra unidad y de la fortaleza que el sindicato había sembrado en nosotros. Sabíamos que la lucha no había terminado, y nos sentíamos más preparados que nunca. La promesa de una reunión con el Director se sentía como una pequeña victoria—una señal de que nuestras voces estaban teniendo impacto.

La delegación sentía que necesitábamos una mirada más profunda y la perspectiva de nuestro invaluable *sallakaar*, o asesor — Suresh. Era alguien que no solo entendía las complejidades de la organización, sino que también veía el panorama general de maneras que yo aún no lograba comprender. Así que fui a mi universidad para reunirme con él, el presidente del gobierno estudiantil, alguien que llevaba el liderazgo con la misma naturalidad que su ropa de todos los días. Ese día, la oficina de Suresh estaba más tranquila de lo habitual, así que sugirió que fuéramos a la cafetería a comprar *channa* — esos garbanzos sazonados que eran un alimento básico para estudiantes con presupuestos ajustados — y una taza de té para acompañar nuestra conversación. Acepté de inmediato; conocía bien esa cafetería. A menudo había sido mi refugio, donde una comida rápida y un té me ayudaban a aguantar después de un turno agotador en la fábrica y a mantenerme despierto durante las clases nocturnas.

Cuando encontramos una mesa y esperamos nuestro pedido, Suresh se inclinó hacia mí, con el rostro serio pero sereno. Me recordó los principios que nos habían traído hasta allí. **"Es fundamental mantenerse calmados, serenos y unidos,"** dijo, con la voz medida y una urgencia suave en el tono. **"Han hecho un buen trabajo hasta ahora, pero recuerden que la verdadera batalla aún está por venir."** Sus palabras quedaron suspendidas en el aire, cargadas del peso de la experiencia. **"Manténganse enfocados, mantengan la disciplina y no olviden por qué comenzaron todo esto."**

Escucharlo hablar con convicción me devolvió los pies a la tierra, recordándome el propósito detrás de cada sacrificio. Fue un intercambio pequeño, alrededor de una comida aún más pequeña, pero la claridad que le dio a mi determinación fue todo menos pequeña.

Mientras estábamos sentados juntos, compartiendo platos de *channa* picante y sorbiendo té que ya se había enfriado un poco, comenzó a surgir una camaradería inesperada. Suresh me miró con calidez, en contraste con su actitud habitual, firme y directa. **"Bhai, estoy orgulloso de ti; necesitamos más personas como tú en posiciones de liderazgo,"** dijo, con una voz sincera y cada palabra bien medida. Escucharlo llamarme **"Bhai"** —hermano menor— tocó una fibra profunda, despertando un sentido de confianza y respeto que iba mucho más allá de un simple elogio.

Sentí que dentro de mí se mezclaban el orgullo y la incertidumbre. Una parte de mí quería agradecerle, reconocer una aprobación que valoraba, pero las palabras no me salían. En lugar de eso, dudé y terminé compartiendo una parte de mi pasado —una historia que normalmente guardo con cuidado. Le conté sobre mi familia, que había trabajado como aparceros durante generaciones, atrapada en el control implacable de la deuda con el terrateniente. Cultivábamos los campos cada temporada, solo para ver cómo la mayor parte de nuestro esfuerzo enriquecía a otro hombre. El ciclo de la deuda nos mantenía atados; cada cosecha no nos acercaba más a la libertad que la anterior.

"Odio el sistema feudal," admití, con la voz firme aunque el sentimiento ardía con fuerza dentro de mí. **"No voy a permitir que se aprovechen de mí."** Los ojos de Suresh se suavizaron con comprensión y, por un momento, vi en él un reflejo de mis propias frustraciones y mi determinación. Me di cuenta de que esto no se trataba solo de la fábrica —era sobre toda una vida de explotación, sobre conocer a otros como yo que habían sido desgastados por un sistema que los veía solo como mano de obra, nunca como iguales.

Él sonrió, con un toque de nostalgia suavizando su expresión mientras compartía un poco de su propia historia. **"Mi situación fue bastante diferente,"** comenzó, con un tono reflexivo. **"Crecí en una familia estable, sin verdaderas dificultades, pero de alguna manera me sentía atrapado. Mi vida estaba trazada, era predecible y asfixiante."** Su mirada se volvió distante, como si recordara aquellos primeros momentos de rebeldía y descubrimiento. **"Irme a la universidad en Katmandú lo cambió todo. Fue como entrar en otro mundo, donde por fin pude encontrar mi voz. Me lancé a participar en actividades, me uní a clubes y, poco a poco, terminé involucrándome en el gobierno estudiantil, donde me di cuenta de que podía marcar una diferencia."**

Hizo una pausa y luego me miró, con una mirada a la vez firme y alentadora. **"Si te interesa trabajar por una causa más grande, contáctame. Siempre hay más por hacer, y creo que serías una valiosa incorporación."**

Sus palabras tocaron una fibra profunda, llenándome de orgullo y de posibilidades. Que alguien como Suresh —alguien a quien respetaba profundamente— viera potencial en mí fue inspirador. Por primera vez, me sentí reconocido y alentado, como si hubiera abierto la puerta a algo más grande: un propósito que iba más allá de nuestra lucha inmediata.

Después de reunirme con Suresh, regresé a la fábrica, con los hombros adoloridos pero el espíritu intacto. Sabía que esto era solo el comienzo. Habíamos dado nuestro paso y ahora estábamos listos para enfrentar lo que viniera después.

Por primera vez en mucho tiempo, sentí que teníamos una oportunidad real de sacudir los cimientos de un sistema que nos había mantenido en su lugar durante demasiado tiempo. Había una energía innegable entre nosotros ahora, una sensación de resiliencia compartida que iba más allá de las palabras. Además, al mirar a mi alrededor y ver los rostros conocidos —rostros cansados pero decididos— supe que apenas estábamos comenzando. El camino por delante sería desafiante, pero estábamos listos para enfrentar juntos lo que viniera después.

CAPÍTULO 5

Juegos de Poder: Negociando lo Invisible

Negociando lo Invisible

La mañana de las negociaciones, llegamos con una mezcla de anticipación y temor. Para cuando el sol asomó por encima de los muros de la fábrica, los trabajadores ya se habían reunido afuera, con una determinación silenciosa flotando en el aire. El ambiente era tenso pero esperanzador; después de semanas de resistencia, habíamos conseguido una reunión. Sin embargo, nadie creía que sería una victoria fácil. El recuerdo de la risa despectiva del gerente, las amenazas de despido y la presencia intimidante de la policía seguían muy vivos. Esto ya no se trataba solo de exigencias—se trataba de mantenernos firmes, de aferrarnos a la dignidad que aún nos quedaba.

Aún estábamos desconcertados por ese tal **"Prabhat JB."** ¿Quién era y por qué era él quien se reuniría con nosotros? ¿Dónde estaban Jagat o Mahadev? La ausencia de las caras conocidas de la autoridad nos inquietaba. ¿Por qué habían enviado a este desconocido en su lugar? Nada de eso nos parecía correcto. Sin embargo, después de veinte largos días de huelga, esta era la oportunidad más cercana que habíamos tenido de ser escuchados, y no íbamos a desperdiciarla.

A las 8:30 de la mañana, la delegación dio un paso al frente. La noche anterior habíamos pasado un tiempo en el Chiya Pashal de Ram preparando nuestros puntos de conversación. La ansiedad hervía bajo la superficie; todos los trabajadores contaban con nosotros para que esta reunión valiera la pena. Al subir al autobús, me volví hacia los demás. **"Necesitamos un portavoz,"** dije. Shyam, tan estoico como siempre, se limitó a encogerse de hombros. Dip añadió: **"El resto de nosotros te respaldará."** Acordamos no contradecirnos y dejar que Shyam liderara, a menos que invitara a alguien más a hablar.

A medida que nos acercábamos al destino, el ambiente cambió. El vecindario exclusivo al que entramos se sentía a mundos de distancia de nuestra fábrica. Muros altos y casas con portones alineaban las calles; su silencio y aislamiento contrastaban de forma tajante con el entorno industrial y sucio que habíamos dejado atrás. Tras una breve caminata, llegamos a una reja donde un guardia nos interrogó antes de desaparecer para confirmar nuestra llegada. Esperamos, sintiéndonos fuera de lugar y en tensión.

Cuando finalmente se abrió la reja, nos guiaron por un jardín cuidadosamente arreglado, más propio de una propiedad de lujo que de la casa de un funcionario de fábrica. La riqueza exhibida—autos importados en el garaje, jardines exuberantes y, por último, la mansión imponente—estaba diseñada para intimidar. Y lo logró. Este era su territorio, su mundo, y nosotros éramos intrusos.

"Mira este lugar," murmuró MaNi, con la voz baja y cargada de desprecio. **"Todo ese dinero, y nosotros ni siquiera podemos conseguir una taza de té."**

Dentro, la *Sam'mēlana kakṣha* (sala de conferencias) parecía más un museo que una oficina. La enorme mesa de caoba, las sillas de cuero y las paredes adornadas con porcelana fina y licor importado enviaban un mensaje claro: no solo nos enfrentábamos a una empresa; nos enfrentábamos a un sistema. La grandiosidad del lugar nos hacía sentir pequeños e insignificantes. Era un recordatorio contundente del desequilibrio de poder al que estábamos a punto de enfrentarnos.

Entonces entró Prabhat JB a la sala. Su llegada en una silla de ruedas motorizada y elegante nos sorprendió a todos. La figura intimidante que habíamos imaginado fue reemplazada por un hombre sereno y seguro, vestido con un traje a la medida. Sin embargo, a pesar de su apariencia física, no había duda de que él tenía el control en esa sala. Su voz era suave, sus palabras bien ensayadas. **"Namasté, por favor, siéntense,"** dijo, indicándonos la mesa.

Shyam tomó la iniciativa, con la voz firme. Entregó la propuesta de 10 puntos que habíamos perfeccionado y dijo: **"Hemos expuesto nuestras preocupaciones. Estamos aquí para discutir esos puntos y encontrar una solución justa."**

Los ojos de Prabhat recorrieron el documento, deteniéndose más tiempo en algunas demandas que en otras. El silencio se prolongó mientras estudiaba el papel, sin intentar ocultar su cálculo cuidadoso. Luego, con un suspiro, lo dejó sobre la mesa. **"He revisado su** propuesta," comenzó. **"Y aunque aprecio su deseo de mejorar las condiciones, muchas de estas demandas simplemente no son viables dentro de la estructura actual de nuestras operaciones."** Sus palabras cayeron como un balde de agua fría.

Sin embargo, Shyam no se inmutó. **"Con todo respeto, señor, pedimos decencia básica—salarios justos, puestos seguros y comodidades simples como una taza de té."** El rostro de Prabhat reveló poco, aunque sus ojos se entrecerraron levemente. **"Entiendo su perspectiva,"** dijo, con un tono cortés pero inflexible. **"Sin embargo, mantener la estabilidad de la empresa es nuestra prioridad. Un aumento salarial del 50 % y la conversión de puestos temporales en permanentes pondrían una presión significativa sobre nuestra capacidad operativa."**

Y ahí estaba. Para ellos, se trataba de márgenes. Para nosotros, era supervivencia. No solo luchábamos por un mejor salario; luchábamos por reconocimiento y por el derecho a ser tratados como algo más que piezas reemplazables en la maquinaria de la fábrica—máquinas que se descomponen, se arreglan o se desechan sin pensarlo dos veces. Pero nosotros no éramos máquinas. Teníamos historias, luchas y vidas más allá de los muros de la fábrica. Antes de que Shyam pudiera responder, me incliné hacia adelante, incapaz de contenerme. **"Señor, no estamos pidiendo lujos. Estas demandas tienen que ver con nuestra seguridad, nuestra dignidad y nuestro derecho a una vida digna."**

Prabhat me observó como si me viera por primera vez. **"Eres nuevo aquí, ¿verdad?"** preguntó. Asentí. Continuó, con la voz más fría:

"Déjame explicarte algo. En los negocios, los costos deben controlarse. No todas las demandas pueden cumplirse. El compromiso es necesario." Era una jugada de poder apenas disimulada. Podíamos sentir cómo la tensión aumentaba.

Shyam intervino; su voz estaba tensa, con la rabia apenas contenida. "Hemos estado cediendo durante años—en nuestra salud, nuestra comodidad y nuestras familias. Ahora estamos pidiendo dignidad básica."

La máscara de calma de Prabhat se resquebrajó por un momento, la irritación brillando en sus ojos. "Estoy dispuesto a hacer algunas concesiones," dijo. "Ampliar el tiempo de almuerzo, ofrecer té y galletas durante los turnos, y más flexibilidad para cambiar turnos. Sin embargo, los aumentos salariales y los puestos permanentes están fuera de discusión."

"No podemos aceptar eso," dijo Shyam con firmeza. "Esos puntos no son negociables. Son esenciales."

La expresión de Prabhat se endureció. "Si se niegan a comprometerse, no hay nada más que discutir. Esta huelga es ilegal, y la empresa se reserva el derecho de contratar reemplazos."

La amenaza quedó suspendida en el aire. La esperábamos, pero eso no la hacía más fácil de aceptar. Shyam se puso de pie, apoyando las manos con firmeza sobre la mesa. "Entonces seguiremos en huelga," dijo. "No vamos a detenernos hasta que se nos trate con el respeto que merecemos."

Al salir de la sala de negociación, el silencio nos envolvió, cargado de palabras no dichas. Habíamos ganado algo, pero el precio se sentía alto. Observé cómo la expresión de Shyam cambiaba, sus ojos perdidos mientras miraba a lo lejos. Esto no había terminado. Sabíamos que la batalla continuaría mucho después de que se apagaran los aplausos.

Salimos de aquella mansión con el peso del enfrentamiento presionándonos los hombros. Los jardines hermosos parecían una selva diseñada para tragarnos por completo. Subimos al autobús en silencio, cada uno atrapado en sus pensamientos. Finalmente, MaNi rompió la tensión con una risa amarga. **"Al diablo con ese director,"** dijo. **"Cree que nos conoce; le vamos a demostrar de qué estamos hechos."**

Mientras el autobús avanzaba de regreso hacia la fábrica, el silencio se sentía más pesado que nunca. El ruido del motor y algún bocinazo ocasional llenaban el espacio, pero por dentro todos estábamos perdidos en nuestros pensamientos. El enfrentamiento nos había dejado expuestos, atrapados entre la rabia y la certeza de que esta lucha estaba lejos de terminar.

Dudamos cuando el autobús finalmente se detuvo cerca de las rejas de la fábrica. Volver a pisar el camino polvoriento se sintió como entrar otra vez en un campo de batalla conocido, pero implacable. El sol estaba alto, proyectando sombras duras sobre el pavimento, y el calor ya empezaba a cocer el suelo bajo nuestros pies. Pateé una pequeña piedra y la vi rebotar por el camino hasta desaparecer entre los arbustos, reflejando cómo nosotros también queríamos escondernos dentro de nuestras propias cabezas.

Las rejas se alzaban frente a nosotros, simbolizando todo aquello contra lo que habíamos estado luchando. A medida que nos acercábamos, la tensión en el aire era palpable, una energía nerviosa que se extendía sobre la fábrica como una nube a punto de estallar.

Los trabajadores que se habían quedado atrás para mantener la línea levantaron la vista cuando nos vieron llegar, con los ojos buscando cualquier señal de buenas noticias. Sus rostros mostraban una mezcla de esperanza, frustración y una impaciencia creciente. Esperaban que volviéramos con una resolución, con un rumbo claro. Shyam les hizo un breve gesto con la cabeza, como diciendo: todavía no. No hemos terminado.

Sin decir una palabra, regresamos a nuestro lugar de siempre cerca de las rejas. El viejo banco de madera bajo la sombra de un árbol seguía allí, gastado por años de trabajadores sentados y esperando—esperando turnos, reuniones, y ahora, esperando un cambio. Nos sentamos, pero no había descanso en ello. El banco crujió bajo el peso de nuestro cansancio y decepción.

MaNi rompió el silencio primero, con la voz baja pero cargada de enojo. "Ese Director, Prabhat... cree que nos conoce. Como si fuéramos solo números en una hoja." Pateó la tierra a sus pies, levantando una pequeña nube de polvo. "Cree que puede mantenernos en línea mostrándonos unos cuantos bizcochos, como si fuéramos mendigos."

Krish, que había estado inusualmente callado, finalmente habló. "No son solo las galletas, MaNi; es la forma en que nos han tratado todo este tiempo, como si fuéramos invisibles. Eso es lo que me duele." Se pasó la mano por la cara, con el cansancio marcado en las líneas de su expresión.

Dip, que había estado conteniendo su frustración, murmuró: "Creen que somos débiles. Que vamos a ceder, pero no podemos permitirnos hacerlo—ninguno de nosotros puede. Nuestras familias cuentan con nosotros."

Mientras las palabras de Dip se asentaban, no pude evitar pensar en mi propia situación—en todo lo que había sacrificado, en todo lo que habíamos sacrificado. El peso de la responsabilidad, de formar parte de algo más grande, se me instaló en el pecho como una piedra pesada. Teníamos familias, hijos y sueños de los que ya casi no hablábamos. Todo estaba en juego, y ahora este Director—esta figura invisible—intentaba barrerlo todo con un discurso ensayado y un apretón de manos.

Finalmente, Shyam se puso de pie, estirando los brazos como si se preparara para otra ronda en el ring. "Esto no se ha acabado", dijo, con la voz áspera pero decidida. "Nos reagrupamos. Planeamos. Y mañana les mostramos de qué estamos hechos."

Al día siguiente, los trabajadores empezaron a reunirse otra vez; tenían los ojos puestos en Shyam, esperando una señal de esperanza. Sin embargo, las rejas de la fábrica chirriaron al abrirse antes de que pudiéramos decir algo más. Mahadev, el gerente de la fábrica, estaba allí de pie, con los brazos cruzados, mirándonos desde arriba con esa misma sonrisa arrogante que me hacía hervir la sangre. No dijo nada; solo nos observó, como para recordarnos quién tenía las llaves de nuestro sustento.

Sin embargo, en ese momento algo cambió. Cuando Mahadev nos dio la espalda y se alejó, dejando las rejas abiertas, los trabajadores no se movieron. No lo siguieron. Nadie entró. Por primera vez, no éramos nosotros los que esperábamos permiso para actuar. Habíamos dado un paso fuera de la rutina que ellos habían marcado para nosotros, y ya no había vuelta atrás.

"Permanecemos juntos", dijo finalmente Shyam, con la voz atravesando el silencio. "Pase lo que pase."

Un murmullo de acuerdo recorrió a la multitud. El sol ya se estaba poniendo detrás de los muros de la fábrica, proyectando sombras largas sobre el patio. Mientras nos acomodábamos en nuestro campamento improvisado para pasar la noche, nuestra determinación se transformó en algo más sólido. Ya no éramos solo trabajadores. Éramos luchadores.

CAPÍTULO 6

Una victoria difícilmente ganada

Firmes y de Pie

Los días después de las negociaciones fallidas se alargaron como un calor de verano interminable. Cada mañana nos reuníamos frente a las rejas de la fábrica, con el ánimo golpeado pero no vencido. Los rostros a mi alrededor, antes llenos de esperanza, ahora mostraban el desgaste: quemados por el sol, cansados, con ese dolor sordo del hambre y la preocupación. Cada día en huelga era otro día sin salario, y cada hora se sentía como una apuesta con nuestro futuro.

Pensábamos que negarnos a trabajar obligaría a la gerencia a ceder. Imaginábamos que nos verían como irreemplazables, esenciales para el funcionamiento de la fábrica. Pero en lugar de eso, nos vieron como prescindibles. La administración se aseguró de que lo supiéramos, corriendo la voz de que ya estaban buscando nuevos empleados—trabajadores que se doblaran, no que resistieran bajo presión. Era un recordatorio diario de que nuestra ausencia podía importar menos de lo que creíamos.

A medida que pasaban los días, la tensión de la huelga empezó a notarse. La estrategia de la gerencia era clara: iban a dejarnos esperar. Además, cuanto más se alargaba la huelga, más difícil se volvía mantenernos unidos. Algunos trabajadores, especialmente los que tenían familias que mantener, empezaron a flaquear. Decían que ya no podían seguir así, que no podían esperar más. Poco a poco, comenzaron a abandonar la huelga y se fueron a buscar trabajo en otro lugar.

De hecho, empezaron a aparecer grietas en nuestra solidaridad. Daya nos confesó que Jagat se había reunido con él, presionándolo para que reclutara nuevos operadores de máquinas. Algunos hombres, ya angustiados por cómo mantener a sus familias, empezaron a dudar de la causa. "Tal vez deberíamos simplemente volver", murmuró uno de ellos una mañana, casi en voz baja.

Daya, atrapado en una posición difícil, trató de tranquilizarnos. "Tengo que fingir que estoy buscando a un operador", explicó, "pero le haré saber a la gerencia que nadie se atreve a entrar y manejar esas máquinas." Sus palabras eran una súplica para resistir, para no rendirse todavía.

El rostro de Daya era un reflejo del conflicto interno. Sus ojos iban y venían entre Shyam y la reja de la fábrica, con la mandíbula tensa. Podía sentir el peso que cargaba, sabiendo que estaba dividido entre su lealtad a los trabajadores y el frágil respeto que tenía por la gerencia. A pesar de su cargo, semanas de silencio y la manipulación silenciosa de Mahadev habían dejado a Daya en una encrucijada, luchando por conciliar su necesidad de seguridad con su deseo de cambio. Solo su apoyo constante, nacido de años en el piso de la fábrica, lo mantenía de nuestro lado. Su lealtad era hacia nosotros, pero su temor silencioso se hacía evidente en cada mirada.

Shyam, siempre el líder sereno, tomó la palabra con la voz firme, a pesar de la incertidumbre que nos rodeaba. "Hemos llegado demasiado lejos como para dar marcha atrás ahora", dijo con determinación. "Esto no se trata solo de nosotros ni de hoy. Se trata de todos los que vendrán después, de asegurar que no tengan que enfrentar lo que nosotros enfrentamos."

Fue suficiente para acallar las voces disidentes, pero la tensión seguía allí. Nuestra cocina comunitaria, que antes había sido una fuente de fuerza, ahora nos recordaba lo limitados que estaban nuestros recursos. Los dueños de las tiendas que nos habían dado crédito empezaron a pedir el pago. Estirábamos cada rupia, compartiendo comidas sencillas, pero la presión se sentía en todas partes.

Bajo el sol implacable, una tarde los trabajadores estallaron en una discusión acalorada cerca de las rejas. "¡No estamos llegando a ningún lado!", gritó uno, dejando escapar su frustración. Shyam intervino, y su presencia tranquila cortó el ruido de golpe.

"Estamos en huelga por respeto", les recordó. "No solo por el salario, sino por nuestra dignidad. No lo olviden."

Sus palabras calmaron al grupo, pero la incertidumbre seguía rondando. La gerencia no solo estaba ganando tiempo; estaba jugando a largo plazo, difundiendo rumores de que ya había reemplazos listos para entrar. El miedo empezó a colarse entre nosotros, pero habíamos llegado demasiado lejos como para dejarnos intimidar por amenazas. Habíamos trazado una línea juntos, y juntos la mantendríamos.

◆◆◆

Fase II de las negociaciones – Victoria

En el vigésimo quinto día de la huelga, el gerente de la fábrica, Mahadev, apareció en las rejas con una nueva propuesta: el Director estaba dispuesto a reunirse otra vez. Habíamos esperado un avance, pero el mensaje fue frío, distante. Sabíamos que esto no sería una vuelta triunfal; sería otra batalla más en una guerra larga.

Al día siguiente, regresamos a la mansión, pero esta vez todo se veía distinto. El jardín cuidadosamente arreglado, los autos de lujo descansando bajo la sombra de árboles antiguos, la enorme puerta principal que parecía tragarse a cualquiera que entrara—todo se sentía como una burla, presumiendo una vida de comodidad y facilidad que apenas podíamos imaginar. Cada paso por esa entrada lujosa hacía que el corazón nos latiera con fuerza, con la amargura instalándose en el pecho como un peso constante.

Dentro de la sala de conferencias del Director, sentados frente a frente, la madera pulida de la mesa brillando bajo las luces, su expresión era ilegible y sus palabras, directas. "He revisado sus demandas", dijo. "Tenemos algunas preocupaciones, pero estamos dispuestos a ofrecer un compromiso."

Shyam tomó el documento y, mientras lo leía en voz alta, la tensión en la sala se hizo más espesa. Ofrecían un aumento salarial—no todo lo que queríamos, pero más de lo que teníamos. Aceptaban convertir a varios trabajadores temporales en permanentes y, por supuesto, el té y las galletas. Aquello mismo que había encendido esta lucha ahora se alzaba como un símbolo de nuestras pequeñas victorias.

Pero había un costo: no habría pago por los días de huelga. Tampoco había garantías más allá de las concesiones inmediatas. No era la gran victoria que habíamos imaginado, pero mientras la voz de Shyam resonaba en la sala, pude ver cabezas asintiendo. Habíamos luchado por esto: un punto de apoyo, un paso hacia un futuro mejor.

"Vamos a aceptar", dijo Shyam finalmente. "Pero entiendan esto: la lucha nunca fue solo por el té o los salarios. Fue por nuestro respeto."

La respuesta del Director fue breve, una formalidad para cerrar el trato. "Volvamos al trabajo", dijo, dando por terminadas las negociaciones.

Cuando Shyam aceptó la oferta, todos nos quedamos sentados en silencio, dejando que el peso de sus palabras se posara sobre nosotros. MaNi puso una mano sobre mi hombro y asintió levemente, como diciendo: "Hicimos lo que pudimos." Había un entendimiento compartido, un acuerdo silencioso de que, aunque esto era una victoria, la lucha no había terminado de verdad. Cuando estrechamos la mano del Director, un gesto formal y sin calidez, supimos que este compromiso era apenas el comienzo de algo más grande.

Al salir de la mansión, cada uno de nosotros sentía una mezcla de emociones: satisfacción por lo que habíamos logrado juntos, alivio por haber conseguido parte de lo que habíamos exigido, y esa sensación persistente de que no sería la última vez que nos encontraríamos en esta lucha.

◆◆◆

Después de la negociación

Al salir de la mansión, caminamos en silencio, mientras la realidad de la negociación se iba asentando. Habíamos ganado esta victoria, pero la lucha nos había dejado agotados y exhaustos.

Habíamos peleado duro por este momento, pero el resultado se sentía agridulce: una victoria marcada por todo lo que no habíamos conseguido. Dip y Krish caminaban un poco más adelante, con los hombros encorvados y la mirada fija en el suelo, como perdidos en sus pensamientos. MaNi parecía debatirse por dentro mientras murmuraba: "No se siente como una victoria." Su decepción era palpable, y yo sabía que el golpe del compromiso le dolía profundamente, a pesar de haber llegado a una resolución.

Shyam, normalmente nuestro líder inquebrantable, soltó un suspiro profundo al subir al autobús. La línea entre sus cejas seguía fruncida, su confianza habitual moderada por el peso de lo que habíamos aceptado. "Bueno, conseguimos algo de lo que queríamos", murmuró, casi para sí mismo. Su tono llevaba una pesadez que dejaba entrever sus propios sentimientos encontrados. Noté que Krish lo miró y le ofreció un gesto de apoyo, pero ni siquiera la presencia firme de Krish logró borrar la incertidumbre que aún flotaba en el aire.

Una vez que regresamos a las rejas de la fábrica, nuestros compañeros se reunieron a nuestro alrededor, con los rostros mezclando esperanza e inquietud. Habían esperado todo el día: algunos apoyados contra las paredes, otros sentados con las piernas cruzadas en el suelo, todas las miradas fijas en nosotros mientras nos acercábamos. Cuando Shyam explicó los términos, se escucharon murmullos de aprobación, aunque no sin destellos de decepción. Para algunos, la promesa de té, un descanso de almuerzo más largo y pequeños aumentos salariales eran pasos hacia adelante; para otros, no era suficiente.

La voz de Som se abrió paso entre la multitud, cargada de frustración. "¿Entonces eso es todo? Lo entregamos todo y terminamos sin pago por los días que estuvimos parados aquí." Sus palabras tocaron una fibra en los demás, y en sus rostros se reflejaba el mismo resentimiento. Shyam lo miró con firmeza. "No es todo, pero es algo. Es un comienzo, y llegamos hasta aquí juntos."

Daya, normalmente callado, dio un paso al frente, con la voz controlada pero dolida. "Seguimos dentro de este sistema, que no va a cambiar de la noche a la mañana. Pero por primera vez, nos escucharon. Se reunieron con nosotros. Ahora estamos en su radar." Sus palabras traían un consuelo extraño, un recordatorio de que, incluso en el compromiso, había avance.

MaNi soltó una risa amarga y negó con la cabeza. "Más vale que este té sepa a oro", murmuró, arrancando algunos asentimientos y sonrisas cansadas a su alrededor. Aun así, detrás del humor había un toque de orgullo. Como todos nosotros, sabía que incluso la concesión más pequeña se sentía como una victoria contra todo pronóstico.

Mientras caía el atardecer, nos sentamos juntos junto a las rejas de la fábrica, unidos por una camaradería silenciosa. A pesar de las emociones encontradas, la lucha nos había mostrado algo poderoso: nuestra unidad, nuestra fuerza. Además, al mirar a mi alrededor, me di cuenta de que cada uno de nosotros, a su manera, había crecido a partir de esta experiencia. Habíamos sido puestos a prueba y llevados al límite, pero nos mantuvimos firmes, y eso ya era una victoria.

◆◆◆

Celebración

Cuando regresamos a la fábrica, no hubo una gran celebración— solo la satisfacción silenciosa de haber sobrevivido. Los trabajadores se reunieron a nuestro alrededor, ansiosos por saber qué había pasado. Cuando Shyam compartió los términos, el aplauso inicial se apagó rápidamente al mencionar los días de huelga sin pago. Los rostros que se habían iluminado con esperanza se volvieron serios.

"¿Cómo vamos a alimentar a nuestras familias el próximo mes?", preguntó alguien, con la voz cargada de preocupación.

Sin embargo, incluso mientras surgían las dudas, el peso de lo que habíamos logrado empezó a hacerse sentir. Esto no era solo por el té o los salarios; era por la dignidad. Nos habíamos levantado y nos habían escuchado. No era perfecto, pero era un avance. La huelga nos había marcado a todos y, en ese momento, entendimos que la verdadera victoria no estaba solo en los términos del acuerdo, sino en el hecho de que habíamos logrado unirnos y hablar con una sola voz.

Mientras estábamos allí de pie, mirándonos unos a otros, alguien entre la multitud gritó: "¡Lo logramos!", y otro, contagiado por el ánimo, respondió: "¡Por todos nosotros!" Poco a poco, el ambiente empezó a cambiar. Lo que comenzó como murmullos tímidos se transformó en vítores en toda regla. Hubo aplausos, gritos y risas: una liberación colectiva de la tensión acumulada durante las últimas semanas.

MaNi, siempre rápido para aprovechar el momento, sacó una pequeña radio de transistores, y enseguida la música llenó el aire. Algunos trabajadores empezaron a bailar, marcando el ritmo con los pies sobre el polvo. Otros se unieron, dejando que sus cuerpos se movieran al compás, encontrando alegría en la sencillez del momento. La fábrica, que normalmente estaba llena del sonido de las máquinas, ahora resonaba con nuestras risas y nuestras voces.

Ya no eran solo los líderes quienes celebraban; éramos todos. Incluso los trabajadores que alguna vez habían dudado de la huelga se encontraron sonriendo, aunque fuera por un momento, ante lo que habíamos logrado. Habíamos enfrentado a la gerencia y, aunque no ganamos todas las batallas, tampoco nos quebraron.

Shyam levantó las manos, indicando que nos acercáramos. Con una sonrisa poco habitual, dijo: "Esta no es solo una victoria para nosotros hoy. Es una victoria para cada trabajador que vendrá después de nosotros." Su voz se quebró un poco, con la emoción flotando en el aire. "Esto es por todas las pequeñas victorias que nos recuerdan nuestra fuerza."

No necesitábamos discursos elegantes para entender la importancia de lo que habíamos hecho. Éramos trabajadores, hombro con hombro, unidos por una experiencia compartida de lucha y esperanza. Mientras el sol descendía en el cielo, la luz que se apagaba bañó la fábrica con un resplandor cálido y, por primera vez en mucho tiempo, sentimos una unidad que iba más allá de los muros de la fábrica.

Dip dijo que esto era una celebración y que debíamos celebrarla con momos (empanaditas nepalesas). A todos les encantó la idea; el rugido del hambre era imposible de ignorar. En lugar de ir hacia los puestos de momos, Shyam sugirió algo diferente. "¿Por qué no los hacemos nosotros?", dijo, y la idea se extendió rápidamente entre la gente.

Los trabajadores se reunieron bajo la carpa improvisada que se había convertido en nuestra cocina comunitaria, arremangándose y juntando los pocos ingredientes que habíamos logrado conseguir. Algunas mujeres tomaron la iniciativa, guiándonos al resto mientras picábamos verduras, amasábamos la masa y dábamos forma a las conocidas empanaditas. Al poco tiempo, la carpa se llenó del aroma reconfortante de los momos al vapor.

Los trabajadores que se habían reunido junto a la reja—los que habían estado esperando noticias con ansiedad—se sumaron también. Todos aportaron de alguna manera, ya fuera doblando los momos o avivando el fuego. Lo que nos faltaba  en cantidad, lo compensábamos con espíritu. Ese momento era mucho más que comida: era una celebración de lo que habíamos logrado juntos.

Cuando los momos por fin estuvieron listos, nos reunimos bajo la luz tenue de la carpa, pasando los platos y compartiendo la comida. No era un banquete, ni mucho menos—cuatro o cinco piezas cada uno, como máximo—pero era suficiente. Comimos despacio, saboreando cada bocado, agradeciendo la comida, la compañía y lo que todo eso representaba.

También teníamos la tetera en el fuego. Shyam levantó su taza de té y todos lo imitamos. "Por nosotros", dijo, con la voz cargada de todo lo que habíamos soportado. "Por la lucha que dimos y por el camino que viene." Los trabajadores repitieron sus palabras, con voces suaves pero firmes. El momo podía ser sencillo, pero en ese momento sabía a victoria. Por primera vez en semanas, se sentía una verdadera camaradería, un sentido de pertenencia y la esperanza de que enfrentaríamos juntos todo lo que viniera después.

El atardecer sobre la fábrica proyectó sombras largas, recordándonos que la batalla no había terminado, pero que habíamos dado un paso  crucial. Mientras dábamos el último sorbo de té, había algo nuevo en el aire: una sensación silenciosa de triunfo. No era el final de la lucha, sino el comienzo de algo más.

Mientras los trabajadores se iban yendo a casa esa noche, una calma se instaló entre nosotros, sabiendo que por primera vez en mucho tiempo teníamos esperanza. Es cierto, todavía nos esperaban desafíos—deudas que pagar, familias que mantener—pero teníamos algo mucho más valioso: la fe. La fe de que nuestras voces podían sacudir los muros de la fábrica y, si hacía falta, hacerlos caer.

En los días que vendrían, esa fe volvería a ponerse a prueba. Pero esa noche, bajo la luz que se apagaba, con el sabor del momo aún presente y el calor del té recorriendo el cuerpo, sentíamos que todo era posible. Por esa noche, celebramos la supervivencia y la promesa de cambio.

Por primera vez, teníamos esperanza.

CAPÍTULO 7

El efecto Dominó,
el Sindicato y las Lecciones Aprendidas

Las primeras señales de cambio

La huelga había terminado y regresamos a la fábrica con nuestras demandas parcialmente cumplidas. El optimismo flotaba a nuestro alrededor, cauteloso pero presente. Los trabajadores se reunían alrededor de la estación de té con sonrisas discretas, saboreando las pequeñas victorias: un momento para tomar té en paz, para descansar sin que las cuotas amenazantes pesaran sobre nosotros. Era una victoria simbólica, un cambio en la dinámica de poder que habíamos luchado por recuperar. Por fin, habíamos obligado a la gerencia a reconocernos, no solo como trabajadores, sino como seres humanos.

La dinámica dentro de la fábrica había cambiado. La gerencia, antes distante y autoritaria, ahora trataba a los trabajadores con un respeto que se había ganado a pulso. Los supervisores, que antes gritaban órdenes e ignoraban nuestras preocupaciones, ahora se veían obligados a escuchar. El equilibrio de poder, aunque todavía inclinado a favor de la gerencia, ya no era el mismo.

Siempre estratega, Shyam se aseguró de que los trabajadores entendieran la importancia de mantener ese equilibrio. "Hemos ganado un asiento en la mesa", dijo durante una reunión del Consejo de Trabajadores. "Pero tenemos que asegurarnos de seguir sentados ahí."

Los trabajadores, que siempre se habían sentido impotentes, ahora tenían voz. La gerencia seguía teniendo el control, pero sabíamos que teníamos la fuerza para responder si era necesario.

Más allá de los muros de la fábrica, nuestra postura estaba generando cambios. Trabajadores de fábricas vecinas susurraban sobre sus propias condiciones, inspirados por nuestra determinación. Ellos también empezaban a hacerse preguntas: ¿por qué habíamos trabajado en silencio durante tanto tiempo? ¿Por qué no luchar por algo mejor? No habíamos luchado solo por nosotros; habíamos despertado un impulso silencioso que se extendía por el corazón industrial de Katmandú.

Esas primeras ondas fueron sutiles, pero poderosas. Trabajadores de otras fábricas se acercaban a nosotros para pedir consejos sobre cómo organizarse, formar sindicatos y fortalecer sus reclamos. Muchos enfrentaban las mismas dificultades: jornadas agotadoras, salarios estancados y condiciones peligrosas. Nuestra lucha había sembrado semillas de acción colectiva en la fuerza laboral en general.

◆◆◆

El sindicato se fortalece

El sindicato—antes visto por algunos como una entidad lejana, casi simbólica—ahora era el centro de todo. Nuestra victoria le dio nueva vida. Con Shyam asumiendo el papel de fuerza orientadora, los liderazgos cambiaron, y su calma y determinación se convirtieron en un punto de referencia para quienes lo rodeaban. Su inteligencia y su capacidad para manejar negociaciones complejas le ganaron respeto, aunque finalmente rechazó el título formal. Dip asumió el papel de presidente del sindicato, consciente de que la lucha ya no era solo un trabajo, sino una responsabilidad.

La gerencia de la fábrica se volvió más cautelosa con cada reunión, viendo nuestra unidad como un cambio peligroso en el equilibrio de poder. Nuestras pequeñas victorias—las pausas para el té, el leve aumento salarial—nunca fueron reconocidas abiertamente. En lugar de eso, la gerencia empezó a dilatar, a posponer y a rechazar propuestas de plano, con la esperanza de que nos cansáramos y nos dispersáramos. Pero su bloqueo solo sirvió para unirnos aún más.

Sudhan, clave en la redacción de nuestras demandas iniciales, ahora asumió un papel aún más importante. Su formación y su mente estratégica atravesaban la maraña burocrática que rodeaba los asuntos laborales. Él y Dip se reunían con frecuencia, analizando contratos, estudiando las leyes laborales y preparando respuestas para cada objeción de la gerencia. Una noche, después de otra reunión agotadora, Sudhan nos apartó a un lado, con la voz apenas conteniendo su intensidad.

"Todavía creen que somos los mismos que pedíamos pausas para el té", dijo. "Pero ahora somos distintos. El sindicato ya no es solo una herramienta para sobrevivir; es nuestro camino hacia algo mejor."

Hablaba de la vida dentro de los muros de la fábrica y de lo que había más allá: una vida construida sobre sueños de libertad, estabilidad y esperanza.

La fábrica, aunque nos daba un salario, ya no era el destino final. Nuestra lucha se había convertido en algo más grande: una búsqueda de dignidad humana y de la posibilidad de imaginar una vida más allá de la fábrica.

◆◆◆

Efectos que se expanden más allá de la fábrica

La victoria en la fábrica tuvo un efecto dominó que se extendió mucho más allá de los muros de nuestro lugar de trabajo. La noticia de lo que habíamos logrado se difundió rápidamente, y no pasó mucho tiempo antes de que trabajadores de otras fábricas empezaran a prestar atención. Nuestra lucha por mejores salarios, condiciones de trabajo más seguras y dignidad se había convertido en algo mucho más grande: un movimiento por los derechos de los trabajadores en toda la ciudad.

El sindicato vio un aumento en su membresía, ya que trabajadores de otros sectores se sumaron, inspirados por lo que habíamos conseguido. El efecto dominó era innegable. Nuestra victoria había demostrado que el cambio era posible, que los trabajadores no tenían que aceptar el estado de las cosas y que la solidaridad podía vencer incluso a los sistemas de explotación más arraigados.

"Hemos puesto algo en marcha", dijo Shyam durante una de nuestras reuniones sindicales. "Esto ya es más grande que nosotros."

Tenía razón. La lucha por la dignidad, el respeto y los derechos de los trabajadores ya no se limitaba a nuestra fábrica; se trataba de cada trabajador que alguna vez se había sentido impotente y al que le habían dicho que no importaba.

Un día, un grupo de trabajadores de una fábrica de **chapal** (zapatos) cercana llegó a las rejas de nuestra fábrica. Ramesh, su líder, explicó que sus condiciones eran apenas habitables. "Hemos oído hablar de lo que hicieron aquí", dijo, mirando de uno a otro. "Queremos saber cómo lo lograron."

Mientras hablaba, me di cuenta de que nuestra lucha había adquirido un nuevo significado. No solo habíamos ganado una huelga; habíamos encendido una antorcha que otros usarían para abrirse camino. Nuestras demandas iniciales—té, mejor salario y condiciones más seguras—se habían convertido en consignas para cada trabajador que luchaba por una vida con dignidad.

La petición de Ramesh no era solo una solicitud de consejos; marcaba un cambio, la toma de conciencia de que nuestra huelga había crecido más allá de los límites de nuestra fábrica. Esta lucha ya no era solo nuestra; se había convertido en un símbolo para todo trabajador que buscaba recuperar su dignidad.

Cada vez que líderes de otras fábricas se acercaban a nosotros en busca de orientación, recurríamos a Suresh, que seguía siendo un ancla firme en tiempos turbulentos. Mi equipo y yo encontrábamos fuerza en su apoyo inquebrantable, y agradecíamos tener a alguien comprometido a nuestro lado mientras el movimiento seguía creciendo.

◆◆◆

Las lecciones que aprendimos

Al reflexionar sobre nuestro recorrido, ahora veo que la huelga nos enseñó mucho más de lo que habíamos imaginado. En ese momento se sentía como una batalla que podíamos perder, y sin embargo, nuestras acciones dejaron una huella duradera. Aprendimos que las victorias no siempre se miden por los logros inmediatos. A veces, el verdadero éxito está en sembrar semillas para el futuro.

La primera lección fue la unidad. No se trataba solo de números, sino de confianza, objetivos compartidos y respeto mutuo. La gerencia de la fábrica intentó dividirnos en cada paso del camino, pero al final, nuestra solidaridad fue lo que nos dio fuerza. Incluso en nuestros días más oscuros, el sentido de comunidad fue lo que nos mantuvo en pie.

Luego aprendimos la perseverancia. El camino fue largo, marcado por momentos de desesperación y duda, pero cada paso importó. El cambio rara vez llega de inmediato; casi siempre se conquista a través de pequeñas victorias acumuladas. Cada reunión, cada consigna coreada y cada taza de té compartida fue un paso hacia adelante.

El liderazgo fue otra lección. Descubrimos que nunca se trató del poder individual, sino de una responsabilidad colectiva. Shyam había sido una figura visible, pero siempre animó a otros a dar un paso al frente y asumir liderazgo. Daya, antes reticente, había adoptado un papel de mentor, guiando a los trabajadores más jóvenes. A pesar de los intentos de la gerencia por influir en él, su honestidad lo convirtió en un referente de integridad en nuestra lucha. Su batalla interna—elegir entre la supervivencia y la solidaridad—se había transformado en nuestro pacto silencioso.

También aprendimos que quienes más tienen que perder pueden convertirse en los defensores más firmes de la justicia. Dip, cargando con el peso de su familia, lideró sin dudar. Sudhan, con sueños más allá de los muros de la fábrica, se convirtió en estratega, asegurándose de que nuestras demandas fueran tan firmes como las esperanzas que las sostenían. Y cada trabajador que se mantuvo en la línea durante esos días brutales entendió que, aunque no llevara un título, también era un líder.

◆◆◆

Avanzando hacia adelante

A medida que el sindicato seguía creciendo, también crecía nuestra conciencia de que formábamos parte de una historia más grande. Nepal estaba saliendo de una etapa de agitación política, y el movimiento obrero comenzaba a encontrar su voz. Nuestra historia pasó a ser parte de un cambio social más amplio: un testimonio de la resiliencia de la clase trabajadora en un país que aprendía a moverse entre la tradición y la modernidad.

Nuestra huelga fue una chispa que se propagó, encendiendo fuegos de esperanza por todo Katmandú y más allá. Con esa comprensión llegó un profundo sentido de responsabilidad. El camino por delante era incierto y quedaban batallas por librar, pero llevábamos con nosotros las lecciones aprendidas—unidad, perseverancia y liderazgo. No eran solo palabras; eran herramientas, líneas de vida que nos guiarían frente a cualquier desafío que viniera después.

Al volver al ritmo de la fábrica, había una sensación de cierre que antes no existía. Las máquinas seguían zumbando, el trabajo seguía siendo duro, pero la sensación de estar atrapados y sin poder había desaparecido. Habíamos tomado control de nuestro destino, y eso era algo que no podía deshacerse.

Shyam, MaNi, Krish, Sudhan, Dip y yo nos reuníamos con frecuencia, hablando del futuro y reflexionando sobre nuestro camino. "Esto no es el final", nos recordaba Shyam. "Es solo el comienzo. Vendrán más luchas, pero hemos demostrado que estamos listos para ellas."

MaNi sonrió, con los ojos encendidos de determinación. "Que vengan. No vamos a retroceder."

Regresamos al trabajo con un nuevo propósito, conscientes de que esto era apenas el inicio. Nuestras victorias, aunque duramente ganadas, eran solo puntos de apoyo en una subida empinada. Habíamos vislumbrado un futuro en el que los trabajadores podían exigir respeto, donde la solidaridad era una fuerza que ninguna gerencia, director ni sistema podía ignorar. Así, con esperanza en el corazón y fuego en el alma, nos preparamos para lo que vendría.

CAPÍTULO 8

Reflexión
—Cuando el triunfo se convierte en duda

Una victoria manchada por la pérdida

La huelga había terminado, pero sus ecos seguían presentes en cada rincón de la fábrica. Lo que debería haber sido una celebración de victoria se sentía, en cambio, como una pausa sobria—un recordatorio de que la lucha por la dignidad apenas comenzaba. Pequeñas victorias como las pausas para el té y mejores salarios nos ofrecían un consuelo pasajero, pero la fábrica seguía siendo implacable, un lugar que rara vez permitía una alegría duradera. Incluso mientras tomábamos el té, el ritmo incansable de las máquinas continuaba, un latido constante que nos recordaba que algunas batallas no se ganan con una sola huelga.

Aun cuando celebrábamos la victoria conseguida con tanto esfuerzo, había momentos de duda. La lucha había pasado factura, y no solo en el piso de la fábrica. El estrés, la incertidumbre y los sacrificios habían dejado su huella en todos nosotros.

MaNi, que durante la huelga había sido el más directo y desafiante, estaba inusualmente callado aquella noche mientras estábamos sentados en el **Chiya Pashal** de Ram. Finalmente habló, con un tono cargado de reflexión. "Ganamos", dijo, casi para sí mismo. "¿Pero de verdad cambiamos algo? La fábrica sigue aquí; el trabajo es el mismo. ¿Qué diferencia hicimos?"

Murmuré en respuesta: "Necesitamos la fábrica para sobrevivir; sin ella, ¿de qué sirvió toda esa lucha?"

Me miró y, en esa mirada, lo entendí. Nuestras condiciones no habían cambiado mucho. Las mismas máquinas, la misma rutina agotadora—seguían definiendo nuestros días.

Shyam, siempre una fuente de sabiduría, sonrió. "Lo cambiamos todo", dijo en voz baja. "Les demostramos que no pueden ignorarnos. Les demostramos que importamos."

Al pensarlo ahora, veo que la lucha nunca fue por el té. Fue por exigir respeto, por hacernos visibles. Logramos que se reconociera un poco nuestra humanidad, pero con el paso de los días, ese sentimiento de triunfo dio lugar a algo más profundo y perturbador. La fábrica se tragó nuestra pequeña victoria, reduciéndola a un respiro breve dentro de la rutina aplastante. La vida, como siempre, siguió adelante, aunque las cicatrices de nuestra lucha quedaron grabadas en lo cotidiano.

Una noche, ya muy tarde, el cansancio me venció. Le pedí a Yam si podía tomar mi descanso antes, y él asintió, dejándome ir a la sala de descanso. Cuando me despertó con suavidad horas después, el reloj marcaba casi las 3:00 a. m.—me había dejado descansar mucho más de lo habitual. Agradecí ese pequeño gesto, una de esas muestras silenciosas de solidaridad que nos mantenían en pie.

Pero esa noche la máquina parecía tenerme rencor. La boquilla se atascaba una y otra vez, trabándose con restos mientras yo corría contra el tiempo para cumplir la cuota. Despejé los atascos con rapidez, cada movimiento ya convertido en reflejo por años de práctica, pero el cansancio nubló mi concentración. Entonces, en un instante terrible, accioné la palanca antes de tiempo. La máquina se cerró sobre mi mano y el sonido—el crujido de hueso y metal—atravesó mi estupor como una puntuación cruel.

Intenté invertir la palanca, pero ya era demasiado tarde. El dolor llegó como un torrente que rompió el zumbido monótono de la fábrica, desgarrando el silencio con un grito que pareció resonar por todo el valle. Al mirar mi mano, destrozada y sangrando, el terror me paralizó. Di un traspié hacia atrás, aferrándome la muñeca, y sentí cómo la fuerza se me escapaba mientras el shock se apoderaba de mí.

Mis compañeros corrieron a mi lado, con los rostros pálidos y llenos de horror. Uno de ellos me rodeó con los brazos mientras yo temblaba, sosteniéndome mientras entraba y salía de la conciencia. El supervisor nocturno, Rudra, reaccionó de inmediato; su habitual distancia había desaparecido. Llamó al conductor y atravesamos las calles nocturnas rumbo al hospital, con la vista nublándose a medida que el dolor lo ocupaba todo.

Nos dijeron que el cirujano plástico se había ido apenas una hora antes. Los médicos trabajaron frenéticamente para detener la hemorragia, pero el daño era grave, y cada minuto se alargaba como una tortura. Finalmente, cuando amanecía, el cirujano llegó. Examinó mi mano y murmuró palabras tranquilizadoras que poco hicieron para aliviarme. Horas después, desperté de la cirugía, y la realidad cayó sobre mí como una piedra en el pecho: mi mano ya no estaba. Todo lo que había planeado y por lo que había luchado pareció desaparecer con esa certeza. Tenía veinte años, y mi vida había cambiado para siempre. Me quedé con una victoria vacía, un recordatorio de que incluso en la unidad, algunas pérdidas son inevitables.

◆◆◆

Cuando el triunfo se convierte en duda

Mis veinte días en el hospital se convirtieron en una procesión dolorosa de reflexión y arrepentimiento. Yam me visitaba casi todas las noches, sentándose en silencio a mi lado; su presencia era un alivio frente al ambiente frío y estéril. Su rostro estaba marcado por la culpa, como si pensara que de alguna manera podría haber evitado lo que me pasó. Mi accidente fue un espejo para él, obligándolo a enfrentar la realidad despiadada de la fábrica.

Otros también vinieron a verme, cada uno cargando su propio peso de remordimiento y enojo. Omnaath, quien me había ayudado a conseguir el trabajo, apenas podía mirarme a los ojos. Se sentó a mi lado, con la voz temblorosa por el arrepentimiento. "Si tan solo no te hubiera llevado allí...", dijo, dejando la frase en el aire. El peso de sus palabras, cargadas de culpa, fue un recordatorio doloroso de lo entrelazados que se habían vuelto nuestros destinos en esa fábrica implacable.

La rabia de Shyam hervía a la vista, su frustración palpable mientras caminaba de un lado a otro por mi habitación. "No pueden dejar esto así", murmuró, con los puños apretados, delatando su propia sensación de impotencia. Para él, mi lesión era una confirmación amarga de todo contra lo que habíamos luchado: la crueldad de un sistema que nos veía como desechables.

Krish, siempre pragmático, vino a verme con una expresión sombría. Su propia vida había cambiado—la paternidad se avecinaba, profundizando sus temores. Apoyó la mano sobre mi hombro más tiempo del necesario, y en su mirada había una pregunta que ninguno de los dos se atrevió a decir en voz alta. "Ahora tengo que pensar en mi familia", susurró, una confesión silenciosa que capturaba la brecha cada vez mayor entre nuestros ideales y la dura realidad que nos apremiaba.

En esos momentos de silencio, comprendí el verdadero costo de nuestra victoria. La solidaridad que antes se sentía invencible ahora parecía frágil, apenas sosteniéndose bajo el peso del dolor compartido y las dudas. Mi accidente se convirtió en un testimonio desgarrador de los límites de nuestra lucha—un recordatorio de que nuestra unidad, aunque poderosa, no podía protegernos del precio de sobrevivir.

Sudhan venía a verme a menudo, con los ojos brillantes por lágrimas que no llegaban a caer. Lo perseguía la idea de quedarse en la fábrica el tiempo suficiente como para enfrentar un destino similar. Todos entendíamos, sin decirlo pero con claridad, que las máquinas seguirían cobrándose víctimas si nada cambiaba. Volver a la fábrica un mes después fue irreal. La gerencia me había dado un nuevo título— supervisor de piso—pero a mis compañeros no les impresionó; su decepción era palpable. "¿Estás fuera de tu cabeza?", me preguntaron, con voces cargadas de frustración. Si ni siquiera yo, que había sacrificado tanto, podía escapar, ¿qué oportunidad tenían ellos? La pregunta quedó suspendida en el aire, un silencio pesado que ninguno de nosotros pudo llenar.

Aunque entendía su frustración, yo estaba perdido y tenía pocas opciones más que regresar a la fábrica. Cada día se sentía como un compromiso, una rendición a regañadientes ante circunstancias que aún no podía superar.

Un año después, por fin encontré una salida. Una oportunidad poco común de viajar a Estados Unidos para recibir una mano protésica se convirtió en mi escape. La aproveché, dejando atrás la fábrica y todo lo que representaba. Sin embargo, incluso al comenzar una nueva vida, las luchas que había dejado atrás siguieron proyectando su sombra sobre mí.

◆◆◆

El peso de la reflexión

Dejar la fábrica debería haber sido un alivio, pero la victoria se sentía vacía. El peso de mi experiencia seguía conmigo, un recordatorio de las vidas que había dejado atrás. A menudo pensaba en esas largas noches bajo las luces de la fábrica, en los trabajadores que seguían allí, esforzándose, con sus sueños ahogados por la rutina implacable. La unidad por la que habíamos luchado—la solidaridad que nos dio fuerza—ahora se sentía lejana, un recuerdo al que me aferraba en medio de los desafíos desconocidos de un nuevo país.

Al reflexionar sobre la huelga, la vi por lo que fue: un momento fugaz de resistencia frente a un sistema despiadado. Luchamos por ser vistos, por que se escucharan nuestras voces, pero el control de la fábrica sobre nuestras vidas apenas se había aflojado. Encendimos una chispa, pero tendría que arder por más tiempo y con más fuerza para provocar un cambio duradero.

Nuestra victoria nos costó caro. Para algunos, significó comprender que incluso unidos seguíamos atrapados en un sistema que valoraba las ganancias por encima de las personas. Para otros, fue el lento y doloroso entendimiento de que el camino hacia la dignidad era más largo y más difícil de lo que cualquiera de nosotros había imaginado.

Sin embargo, en los momentos silenciosos de duda, una parte de mí se aferraba a la certeza de que sí habíamos marcado una diferencia. Habíamos obligado a la fábrica a escuchar, aunque fuera por un instante, y en esa escucha habíamos abierto un pequeño espacio para la esperanza. Nuestra lucha fue imperfecta, marcada por tropiezos y pérdidas, pero fue nuestra: una lucha compartida que dejó huella en cada uno de nosotros. Al mirar atrás ahora, veo la huelga no como un final, sino como un comienzo.

Las lecciones que aprendimos—el poder de la unidad, el costo de la perseverancia y la importancia del liderazgo—se quedaron conmigo, guiándome mientras reconstruía mi vida. La fábrica me quitó mucho, pero también me dio un propósito, una razón para creer que incluso frente a la adversidad más implacable, podíamos luchar por algo mejor.

CAPÍTULO 9

Círculo completo:
tendiendo puentes entre dos mundos

Tendiendo puentes entre Tos Mundos

Diez años después de dejar la fábrica, regresé a Nepal. Fue el regreso a casa de alguien distinto: el joven obrero que había sido ya no estaba; en su lugar volvía un consejero que había conocido mundos más allá de los muros de la fábrica. Aun así, la fuerza de mi pasado era innegable.

Mi primera llamada fue a Yam. Él también había dejado la fábrica y ahora dirigía un pequeño servicio de autobuses, transportando gente de Jhapa a Katmandú. Lleno de alegría, enseguida organizó una cena con Omnaath y Hem, que todavía trabajaban en la fábrica. La idea de reunirnos de nuevo me llenó de una anticipación agridulce. Por fin los vería otra vez, pero no podía evitar sentir el peso de todo lo que habíamos vivido.

Pero antes de encontrarlos, tenía que volver a la fábrica, al lugar donde había comenzado nuestro camino y donde yo había perdido tanto. Al caminar por las calles estrechas y acercarme a esas rejas tan conocidas, los recuerdos regresaron de golpe, mezclándose con la imagen de los trabajadores en su descanso, tomando té igual que lo hacíamos nosotros. La escena casi no había cambiado, como si el tiempo hubiera contenido la respiración por un instante, atrapando nuestra juventud en el vapor de esas tazas de té.

Mientras estaba allí de pie, una sensación inexplicable de reverencia me invadió. El simple acto de tomar té, que alguna vez nos fue negado, ahora era parte de la vida cotidiana de esos trabajadores. Pero ese té había llegado a simbolizar algo mucho más profundo. No era solo un descanso ni una breve escapatoria del trabajo; se había convertido en una representación de nuestra lucha, una concesión ganada con esfuerzo que significaba que importábamos. El té se había vuelto un ritual silencioso, un guiño a nuestras batallas pasadas y a nuestra resiliencia.

Me quedé un rato junto a la reja hasta que una guardia de seguridad se acercó. "¿Puedo ayudarle?", preguntó con cortesía. Sonreí. "Antes trabajé aquí", le dije, con la voz quebrándose en la última palabra. "Hace mucho tiempo."

Un destello de reconocimiento apareció en sus ojos, y llamó a un hombre de la fábrica. Cuando se acercó, me sorprendió lo familiar que se veía. "Probablemente no me reconozca", dijo con una sonrisa. "Soy Umesh. Yo era solo un niño cuando usted trabajaba aquí. Vi cuando lideró una huelga." Me contó que Dip siguió adelante después de graduarse de la universidad y que habían animado a Umesh a asumir el liderazgo del sindicato.

Asentí, todavía un poco aturdido por los recuerdos. Caminamos hasta el **Chiya Pashal** de Ram, que seguía en pie, sirviendo té humeante en tazas de metal. Frente a un **masala chai**, Umesh y yo recordamos la huelga, las luchas y las historias de nuestros viejos amigos. Me habló de Shyam y Krish, que habían regresado a su pueblo. Krish ahora tenía una pequeña tienda de comestibles y un hijo que destacaba en la escuela. Shyam, siempre la figura tranquila y firme, vivía sus días con una dignidad silenciosa.

Luego mencionó a Sudhan, quien por fin había logrado escapar de los muros de la fábrica. Sudhan se había graduado y se había convertido en auditor fiscal, cumpliendo la promesa que se había hecho a sí mismo de llegar a ser "alguien". Mientras Umesh hablaba, sentí una oleada de orgullo, no solo por mí, sino por todos nosotros. Habíamos vivido una etapa que nos puso a prueba de todas las formas posibles y, de algún modo, cada uno había llevado esas lecciones a nuevas vidas.

Finalmente, Umesh dijo: "Muchos de nosotros no habríamos salido adelante sin la solidaridad que nos dio la huelga". Habló de su papel como líder sindical y de cómo animaba a los trabajadores a recordar nuestra lucha y nuestra unidad. Para él, la huelga era un legado, un recordatorio de que ellos también tenían poder.

Mientras hablaba, me di cuenta de que la victoria nunca había sanado del todo las heridas de nuestro pasado. Había dejado una marca duradera. Esa pequeña y sencilla taza de té ya no era solo una bebida; simbolizaba la resistencia, la prueba de que incluso las demandas más humildes podían encender un movimiento.

Más tarde, me reuní con Yam, Omnaath y Hem. Reímos y compartimos historias, retomando el ritmo familiar de la amistad. Sin embargo, el ambiente también tenía un tono solemne: el reconocimiento de que la vida, incluso en la victoria, nos había cobrado su precio. Brindamos por la supervivencia, por las cicatrices que llevábamos y por los caminos que aún nos quedaban por recorrer.

Al día siguiente, mientras caminaba por las calles de Katmandú, pensé en mi vida en Nueva York. El contraste era fuerte, pero como consejero en una escuela urbana, había aprendido a ver los paralelos entre mi vida pasada y la actual. Cada día recorría los pasillos de la escuela, acompañando a estudiantes cuyas luchas se parecían a las mías de maneras que ellos aún no podían ver. Muchos venían de familias inmigrantes, cargando responsabilidades y expectativas que pesaban mucho sobre sus hombros. Hablaban de las mismas incertidumbres que yo había sentido de adolescente, del mismo miedo al fracaso y del mismo deseo de algo mejor. En ellos veía los ecos de mi yo más joven: el muchacho que dejó Jhapa a los diecisiete años, buscando un futuro más allá de los límites estrechos de la vida rural.

Sin embargo, incluso mientras compartía sus esperanzas, persistía una duda inquietante. Algunos días me sentía fuera de lugar, preguntándome si de verdad pertenecía a este nuevo mundo. Mis estudiantes hablaban a menudo del síndrome del impostor, esa sensación de que su éxito no merecía serlo, de que no encajaban en espacios diseñados para mantenerlos fuera. Yo los entendía profundamente. Había días en que yo también cuestionaba mi papel— me preguntaba si estaba preparado para guiarlos, si mi vida en el piso de la fábrica tenía algo que ofrecer a esas aulas.

Cuanto más lo pensaba, más clara veía la conexión. Mis años en la fábrica, donde aprendí el valor de la resiliencia, el poder de la unidad y la fuerza silenciosa de defender la dignidad, me habían preparado para este rol. Cada turno, cada lucha y cada victoria se habían convertido en lecciones que ahora moldeaban la manera en que recorría esos pasillos escolares. Sabía lo que era sentirse invisible, preguntarse si uno valía más que el trabajo que podía ofrecer. Sabía cómo recordarles su valor más allá de las calificaciones y las expectativas.

Hay un hilo que une mi pasado con mi presente—un hilo que conecta al obrero que fui con el mentor que soy hoy. Mi papel como consejero no se trata solo de orientar a los estudiantes en lo académico; se trata de estar presente para ellos, de ser alguien que ve sus luchas y sabe lo que significa vivir en los márgenes y aun así encontrar un camino hacia adelante. Para ellos, puedo ser lo que MaNi fue para nosotros—alguien que escucha, ofrece esperanza y cree en ellos incluso cuando el mundo parece cerrarse.

Sentado en mi oficina, escuchando a mis estudiantes, reconocía partes de mí mismo en sus dificultades. El recorrido se sentía completo—no solo porque había logrado salir, sino porque ahora podía ayudar a otros en su propio camino. La fábrica, la huelga y cada cicatriz me habían traído hasta aquí, enseñándome que la resiliencia no es un destino, sino un viaje.

La fábrica, con todas sus durezas, me había enseñado resiliencia. Me mostró que las victorias, incluso las pequeñas, son las que nos sostienen. Al mirar a los estudiantes a mi cuidado, sentí el mismo sentido de propósito que me había impulsado durante la huelga. Estos jóvenes estaban en sus propios caminos, librando sus batallas por respeto y reconocimiento en un mundo que a menudo los pasaba por alto. Mi pasado no era algo que esconder; era la razón por la que estaba aquí, tendiendo puentes entre dos mundos y ofreciéndoles una visión de un futuro que algún día podrían reclamar como propio.

De alguna manera, había cerrado el círculo. El recorrido de obrero de fábrica a consejero no fue una línea recta; fue un camino sinuoso que me llevó de regreso a las lecciones de unidad, resiliencia y al poder silencioso de creer en algo más grande que uno mismo. Estar frente a la fábrica y sentarme en la oficina del orientador escolar pueden parecer mundos distintos, pero los une un mismo propósito: ser vistos y escuchados, y ayudar a otros a darse cuenta de que valen más de lo que la sociedad a veces les ofrece.

Este viaje no se trató de los lugares que dejé atrás ni de los títulos que obtuve. Se trató de volver al comienzo, a esas pausas para el té que alguna vez parecieron tan insignificantes, y de comprender que siempre habían prometido algo más.

Significa tender puentes entre dos mundos—llevar las lecciones del pasado al presente y ofrecerlas como un regalo a quienes apenas están comenzando su propio camino. Mi historia, nuestra historia, continuará en cada estudiante que encuentre fortaleza y en cada trabajador que se atreva a creer que merece algo mejor. Y en ese saber, encuentro una sensación de paz: una certeza silenciosa de que estoy donde necesito estar.

***

Referencias

A post-mortem of Nepal's garment boom (2018, July 27).

    Nepali Times. Disponible en:

    https://nepalitimes.com/multimedia/a-post-mortem-of-nepal-s-garment-boom

Development Update – Harnessing Export Potential for a Green, Inclusive, and Resilient Recovery.

    MPRA. Disponible en:

    https://mpra.ub.uni-muenchen.de/100623/1/MPRA_paper_100623.pdf

Janjatis in Nepal (2019, February). Jha, H. B.

    Disponible en:

    https://www.vifindia.org/sites/default/files/Janjatis-in-Nepal.pdf

Labour Act, 2048 (1992).

    Nepal Immigration. Disponible en:

    https://www.immigration.gov.np/assets/2/labour-act-2048.pdf/file

Labour Laws in Nepal.

    NATLEX. International Labour Organization. Disponible en:

    https://www.ilo.org/dyn/natlex/docs/ELECTRONIC/31978/99735/F1260832205/NPL31978.pdf

Nepal Development Update: Harnessing Export Potential for a Green, Inclusive, and Resilient Recovery (2024, May 20).

    World Bank. Disponible en:

https://documents1.worldbank.org/curated/en/332751617996242148/pdf/Nepal

Nepal: Safa Tempo.

Knowledge Hub. Circle Economy Foundation. Disponible en: https://knowledge-hub.circle-economy.com/article/22881?n=Nepal-Safa-Tempo

Nepalese force the king to accept democratic reform, "Jana Andolan" (People's Movement), 1990.

Global Nonviolent Action Database. Disponible en: https://nvdatabase.swarthmore.edu/content/nepalese-force-king-accept-democratic-reform-jana-andolan-peoples-movement-1990

Rana Plaza Collapse (April 24, 2013).

The Rana Plaza disaster. GOV.UK. Disponible en: https://www.gov.uk/government/case-studies/the-rana-plaza-disaster

Tazreen Fashion Factory Fire (November 24, 2012).

2012 Dhaka garment factory fire. Wikipedia. Disponible en: https://en.wikipedia.org/wiki/2012_Dhaka_garment_factory_fire

That's It Sportswear Factory Fire (December 14, 2010).

At least 28 more garment workers die in Bangladeshi factory fire. Clean Clothes Campaign.

Disponible en: https://cleanclothes.org/news/2010/12/14/at-least-28-more-garment-workers-die-in-bangladeshi-factory-fire

Triangle Shirtwaist Factory Fire (March 25, 1911).

HISTORY, A&E Television Networks. Disponible en: https://www.history.com/topics/early-20th-century-us/triangle-shirtwaist-fire

Agradecimientos

Al completar este libro, me di cuenta de que mi historia es apenas una gota en un océano de luchas compartidas. La explotación de los trabajadores ha persistido por más de un siglo, incluso mientras las industrias fabriles se han expandido por todo el mundo. Desde el trágico incendio de la fábrica **Triangle Shirtwaist** en marzo de 1911, que cobró la vida de 146 personas en una fábrica textil de la ciudad de Nueva York, hasta el colapso de **Rana Plaza** en abril de 2013, donde murieron 1,134 trabajadores, el patrón sigue siendo inquietantemente el mismo. En Rana Plaza, miles de trabajadores fueron obligados a regresar a las fábricas de confección a pesar de las grietas visibles en el edificio—un testimonio devastador del desprecio de la gerencia por la seguridad en la implacable búsqueda de ganancias.

El desastre de Rana Plaza no fue un hecho aislado. En noviembre de 2012, al menos 112 trabajadores perdieron la vida en un incendio en una fábrica de confección cerca de Daca, Bangladesh. Dos años antes, en diciembre de 2010, otro incendio arrasó una fábrica en Bangladesh que producía prendas para el minorista de moda **Gap**. Al menos 27 trabajadores saltaron a la muerte, mientras que más de 100 resultaron heridos al intentar desesperadamente escapar de las llamas.

Estas tragedias son solo algunos ejemplos del costo humano provocado por condiciones laborales inseguras y una gestión negligente. Sirven como recordatorios contundentes de que la lucha por los derechos laborales continúa. Mis homenajes más profundos son para quienes perdieron la vida en estos hechos horribles.

La lucha por lugares de trabajo más seguros, salarios justos y un trato equitativo debe continuar en esta industria impulsada por las ganancias. Ya sea al exigir igual salario por igual trabajo o sueldos que mantengan el ritmo de la inflación, la batalla por la dignidad y la justicia laboral sigue siendo hoy tan urgente como siempre.

Quiero expresar mi más sincero agradecimiento a mi esposa, **Kimberlee Bent**, y a mi hijo, **Aiden Thapa**, por su apoyo inquebrantable a lo largo de este camino. Me han animado y me han brindado el espacio y la comprensión necesarios para dar vida a este libro. Como mis editores en jefe y mis críticos más exigentes, sus aportes han sido invaluables.

Mi gratitud no tiene límites para todas las personas que me han acompañado en este recorrido. **Gayatri**, que estuvo presente cada día con el almuerzo durante mi estancia en el hospital; **Laxmi Deedi**, la enfermera que se aseguró de que recibiera la atención adecuada en ese momento tan difícil; y mi hermana espiritual **Kabita Sedain**, que vino a cuidarme después de que salí del hospital—su bondad ha dejado una huella imborrable en mi corazón. Y a su madre, **Devi Aunt**, que me alimentó con incontables comidas durante la huelga y me abrió las puertas de su casa sin dudarlo, nunca podré agradecerle lo suficiente.

A mis compañeros de cuarto, **Bhola Kharel, Tek Raj Sedain** y a mi hermano **Chandra,** quienes me animaron a seguir luchando contra la gerencia y ayudaron a cubrir los gastos de comida y alquiler durante los momentos más difíciles, su confianza en mí significó más de lo que jamás podría expresar. Todos ustedes forman parte de esta historia de maneras que las palabras por sí solas no alcanzan a describir.

También estoy profundamente agradecido con mi excolega y amigo **Sevanand Bhagwandeen**, quien generosamente se tomó el tiempo de leer mi manuscrito y llenarlo de anotaciones en tinta roja. Su crítica directa, sin concesiones, y su apoyo constante me dieron la confianza para compartir con el mundo mi primera historia personal.

También estoy profundamente agradecido a mis queridas amigas **Michelle Spaterella** y **Tatiana Cruz**, quienes me regalaron un certificado para un curso en línea para escritores principiantes. Fue durante ese curso cuando, por primera vez, me sentí lo suficientemente seguro como para publicar mi trabajo.

Gracias a todas las personas que me han apoyado en este camino—su confianza en mí ha significado más de lo que las palabras pueden expresar.

Sobre el autor

Sanman Thapa es narrador, defensor y educador, con una vida marcada por la resiliencia y el servicio. Nacido en un pequeño pueblo de Nepal, su camino lo llevó de los pisos de fábrica a las aulas de la ciudad de Nueva York, donde actualmente se desempeña como consejero escolar bilingüe y certificado a nivel nacional (NCSC). Sanman ha dedicado su carrera a fomentar el desarrollo socioemocional, el éxito académico y la inclusión cultural en comunidades históricamente marginadas.

Más allá del ámbito educativo, Sanman ha ampliado su impacto al servicio de comunidades del sur de Asia. Como consultor, ha brindado interpretación en nepalí e hindi en eventos de defensa pública, audiencias de inmigración y declaraciones legales. Como organizador comunitario, ha participado en talleres sobre derechos de los inquilinos, mediación en tribunales de vivienda, educación para compradores de vivienda por primera vez y la traducción de recursos vitales al nepalí y al hindi.

Su libro debut, *A Fight for a Cup of Chai*, está profundamente inspirado en su trayectoria de trabajo, activismo y perseverancia. A través de esta narrativa conmovedora, ilumina la fuerza colectiva de los trabajadores y la lucha por la dignidad frente a la explotación. Su blog reflexiona sobre el crecimiento personal, la crianza y la identidad cultural, inspirando a lectores con una voz auténtica y cercana.

Disfruta pasar tiempo con su esposa, Kimberlee, y su hijo, Aiden, cuya curiosidad y compasión continúan inspirando su trabajo. Orgulloso neoyorquino con profundas raíces en su herencia nepalí, Sanman tiende puentes entre dos mundos con autenticidad y gracia, esforzándose por crear espacios donde todas las historias—especialmente las de comunidades marginadas—sean escuchadas y celebradas.

www.ingramcontent.com/pod-product-compliance
Lightning Source LLC
Chambersburg PA
CBHW010934120626
46552CB00010B/3253